ゼロストレス転職

99%がやらない「内定の近道」

退職学®研究家
佐野創太

PHP研究所

はじめに

転職活動が、こんなにも「しんどくなる理由」

年間約800万人。あなたはこの数字の意味を、ご存じでしょうか？

正解は、日本で転職を希望している人たちの数です。※1

このうち、実際に転職する人は約300万人。残りの約500万人は、転職を希望しているにもかかわらず、実際には転職しません。

転職活動を途中でやめてしまう、もしくは最初から転職をあきらめてしまうのです。

なぜ転職希望者のうち、半数以上もの人々が転職しないのか？

働きながら行う転職活動には、時間的にも、体力的にも、精神的にも多大なストレスがかかるからです。

たいていの転職活動は、「このままでいいのかな……」というモヤモヤから始まります。

仕事終わりや休日に転職エージェントと面談し、転職サイトを一人で隅々まで調べ、とりあえず目ぼしい企業に応募だけします。

「書類に書ける強みやスキルがない」「志望動機が書けない」と悩みながらなんとか書き上げた書類を送るものの、なかなか通りません。書類が通過しても次は面接です。

終業後、時には有休を使ってでも時間を捻出しますが、面接の反応は微妙で、選考を通過しても「なぜ通ったかわからない」とさらにモヤモヤします。

内定がなかなか出ず、長期化する転職活動に疲れが見え始めます。

気づけば、「最高の職場を見つけよう！」という意気込みは「入社できればどこでもいい」に変わります。

人によっては、「今の会社で働き続けるしかないんだ……」と自己肯定感が下がり、転職活動そのものをやめてしまいます。

転職市場では、こうした「負のループ」に陥《おちい》り、ずるずると転職活動を続けるのは、よくあることです。そうした人を、私は何人も見てきました。

「ずるずると転職活動を続ける人」の思い込み

転職したいのにしない約500万人の人々は、「市場価値」が低いから転職できないのでしょうか？　決して、そうは思いません。転職を志すほどの人は、今よりもいい職場に移る経験や能力をすでに手にしています。

では、いくら頑張っても内定が出ない人と、簡単に内定を獲得する人。
両者を分ける「違い」は、いったい何なのでしょうか？
それは、「少しの認識の差」です。**「知っているだけで誰にでもできること」**で、**大きな違いが生まれています。**

たとえば、内定が出ない人は次のように転職活動するものだと思い込んでいます。

●何十社も応募して数で勝負する
●誰にも負けない強み、すごい実績を捻《ひね》り出す

●履歴書と職務経歴書だけで自分の魅力を伝え切る
●転職エージェントは、どんな求職者にも平等なパートナーである
●面接では、自信満々に話せるかどうかで合否が分かれる

一見すると、普通の転職活動です。しかし、これは間違いです。

まず、何十社も応募する必要はありません。一社当たりに割《さ》く時間も労力も減ってしまい、かえって内定率が下がってしまいます。**「数社に集中すべき」**です。

誰にも負けない「強み」や、すごい実績はいりません。**必要なのは、「再現性」です。**

履歴書と職務経歴書以外にも、書類は提出してもいいのです。**むしろ、「プラスアルファの資料」の提出が欠かせません。**

転職エージェントは、どんな求職者も平等に扱うわけではありません。**「最高の求人を運んでもらう方法」を知っている人と、そうでない人の間で差が生まれます。**

面接は、口がうまい人が勝つわけではありません。口下手でも、自信がなくても、内定をもらう人はたくさんいます。そうした人は、**「面接官を誘導する」「資料に語らせる」ことをしているのです。**

これらを知るだけでも、今までの転職に対する意識が180度変わるのではないでしょうか？　ポイントさえわかれば、転職活動を要領よく進めることができるのです。

転職活動には、最短で最高の結果につながる近道があります。時間と労力を節約し、自信を損《そこ》なわずに、あなたが志望する企業から一発内定をもらう方法をお伝えしたい。

そんな願いから、「ゼロストレス転職」は生まれました。

「順番を変えるだけ」で、転職活動はラクに勝てる

では、ゼロストレス転職とは何でしょうか？

普通の転職とゼロストレス転職の違いを説明させてください。

普通の転職は、次のような手順で進みます。

1　転職エージェントや転職サイトに、とりあえず登録する
2　自己分析(強み探し)を始める(2と3が逆のケースもアリ)
3　転職サイトで企業を探して分析する
4　履歴書や職務経歴書を作成する
5　ネットでノウハウを検索して面接対策をする

ですが、ゼロストレス転職では次のような順番で進めます。

1　自分の中にすでにある強みと出合い直す
2　働きやすい企業を見つけ、自分に相応《ふさわ》しい企業をリストアップ
3　履歴書・職務経歴書の他にプラスアルファの資料を作成する
4　転職エージェントに「本気」の登録をする
5　気持ちの余裕を作る「面接の赤本」「面接官の性格分析」を用意する

転職活動は、順番がすべて。ですから、「転職活動の始め方」から変えていきます。

普通の転職は何の準備もしないまま転職エージェントや転職サイトに登録するため、簡単に始められます。しかし、選考が進んでいくほど、準備不足がたたって苦しくなり、結果的に長引きます。

内定が出ても、「本当にこの会社でいいのか？」とモヤモヤすることも多々あります。

一方で、**ゼロストレス転職は短期集中。「転職の準備」に集中します。一見遠回りに見えますが、選考が進むごとにラクになっていきます。**

そして、内定が出た会社には「探していた企業が見つかった！」と納得して、転職活動を終えられます。

あえて誰も語らない「転職市場の不都合な真実」

ここまで読んで、「普通の転職で通用する」と思えたあなたはラッキーです。というのも、普通の転職、つまり現状の転職は「強運のエリートが勝つゲーム」だからです。

裏を返せば、ほとんどの人が負けるゲームと言えます。特に休職や無職、早期退職といった「訳アリなキャリア」や、子育てや介護をしなければならない「条件付きのキャリア」の人に不利にできています。

ここまで偉そうに語っていますが、実は私自身が訳アリなキャリアです。

表のキャリアは、転職エージェントと採用担当を兼務することからスタートしました。新規事業の責任者を経て、今では独立して大手人材企業の新規事業の立ち上げやマーケティングを担当し、地方企業の人材育成やマーケティングの顧問を務めています。

また、「退職後も声をかけられ続ける最高の会社の辞め方」を提唱する、日本初の「退職学®（resignology）」の研究家として、1200名以上のキャリア相談を有料で実施しています。他にも、転職エージェントの育成や面接官のトレーニングを行っています。転職者と採用企業の本音に触れ続ける立場から、転職市場を分析して大手メディアに寄稿したり、書籍を出版しています。

一方で裏のキャリアは、新卒で入社した企業を「営業が辛いから」と一年で早期退職。次の職場でも仕事が辛いという理由で、1ヵ月で早期退職して無職に。その後、新卒で入社した企業に出戻るも、立ち上げた新規事業がようやく軌道に乗ってきたところで母の体調が崩れて介護離職しました。

幸か不幸か、転職市場を隅々まで体験したこともあり、正社員に戻る方法は心得ていました。実際に内定オファーもいただきましたが、介護や育児と並行しながら私がしたい仕事を続ける道は「正社員ではない」と判断し、独立の道を選びました。

「転職の常識」から、自由になろう

私は正社員という道から外れたからこそ、転職活動そのものを冷静に分析する視点を得ました。こうして真剣に「訳アリ、条件付きだけど転職活動で人生を好転させたい」と考える人のために開発したのが、ゼロストレス転職のノウハウです。

私がキャリア相談に乗っている相談者さんたちは、ゼロストレス転職を通じて次のような成果を残している人たちです。

「本当にやりたいことは何だろう」とモヤモヤしたまま入社した会社を早期退職して3カ月。その間は無職だったけれど、2カ月の転職期間を経て高待遇の外資系コンサルティング企業に転職した元エンジニア。今では、仕事に関する勉強を積極的にするほど、仕事に打ち込んでいます。

子育てを理由に日中に中抜けできる企業を探していたものの、書類選考で落選続き。しかし最終的には、リモートワーク中心の堅実なメーカー企業に転職した元人事。子どもとの時間を取り戻すことに成功しました。

仕事に疲れてしばらく休職していたけれど、営業の講師としてキャリアチェンジした元販売職員。趣味を再開し、ゆっくりと人生を立て直しています。

相談者さんたちがゼロストレス転職を通じて、人生そのものの主導権を握っていく瞬間に立ち会わせていただきました。

本書を読み進めると、「本当にそんなことしていいの?」と驚く方法が出てきます。

実際に実践した相談者さんは「合法的なカンニングをしている気分です」と話してく

れました。

それだけ、「転職の常識」に縛られているのです。もっと柔軟に考えてみませんか？あなたが「転職活動がうまくいかない」と感じているならば、それは今のやり方が合っていないだけなのです。心が弱いわけでも、スキルや経験が不足しているわけでもありません。あなたの居場所は必ず見つかります。

強敵とのハイレベルな試合や高度な心理戦を何度もくぐり抜けてきた、サッカーの名監督であるアーセン・ヴェンゲル氏はこう言いました。[※2]

"le vis" a utiliser le regle du foot jusqu'a l'extreme pour que ton avantage. C'est pas au sauce negative"

つたない意訳で恐縮ですが、こういった意味です。

〝vis〟という言葉の意味は、サッカーのルールを可能な限り広げて考えて、自分の有利になるように解釈すること。ネガティブな意味は少しもない。

いっそのこと、転職もルール（とされている常識）の解釈を広げてみませんか？

転職活動は、自由なものです。詳しくは本文で解説しますが、転職エージェントに事前に「面接の問答集」（面接の赤本）をリクエストできますし、待遇も年収も良くなる「裏口転職」という求人の見つけ方も存在します。

「こうしなければ、転職できない」という決まりはないのです。

もし、あなたが転職で窮屈な思いをしているなら、ページをめくってみてください。読み進めるうちに、「その手があったか！」と一歩踏み出す勇気が湧いてくるはずです。

本書は、初めて転職をする人や、これまでの転職でうまくいかなかった人が「思い通りのキャリア」を手にすることができる内容です。

ですから、普通の転職でも勝てる人が読めば、鬼に金棒でしょう。

最後に、この言葉をお贈りします。※3

5年連続でＦＩＦＡ最優秀選手賞を獲得した女子サッカーのブラジル代表のマルタ・

ビエイラ・ダ・シルバ選手が、ワールドカップフランス大会で敗れた後、後輩たちに送った言葉です。

Chorem no começo para sorrir no fim(最後に笑うために最初に泣きなさい)。

「ゼロストレス転職」は、あなたが転職活動を笑顔で終えるためにあります。そのために、転職活動の最初から全力で私と進みましょう。第一章でお待ちしています。

「退職学®(resignology)」佐野創太

ゼロストレス転職　目次

第2章

働きやすい職場が見つかる「企業分析」

第3章 すごい実績はいらない！「応募書類」の書き方

第4章 「転職エージェントガチャ」を回避する方法

第5章 緊張をゼロにする「面接の準備」

第1章

転職の軸になる「強み」の見つけ方

1
01

強みは「見つけない」。すでにあなたの手の中にある

❖強みは、自然にできるから「気づきにくい」

職務経歴書に書ける強みやスキル、資格がないから、転職活動に踏み出せない。検査で強みを分析しても、あまりピンとこない。

「私には、何ができるのか」うまく言語化できない――。

転職活動の中でもストレスを強く感じるのが、強みの発見です。私に寄せてくださる相談内容のトップ3に入ります。

ここでは、「強みはある」と断言させていただきます。1200名以上の転職支援に携《たずさ》わってきた経験から、お伝えしたいことはただ一つ。

強みがない、は謙虚すぎるだけ。あなたはすでに、強みを持っています。

強みがないというより、「メガネがくもっていて見えなくなっているだけ」のことがほとんどです。ですが、実力があるマジメな人ほど、「もっと上がいる」と謙虚になり、「私には人に言えるほどの強みなんてない」と謙遜《けんそん》してしまいます。**なぜなら、強みとは「私にとっては簡単だし、みんなにもできる」と感じる能力だからです。**息を吸って吐くように自然にできることを、人は強みだと感じにくいのでしょう。そして、既にある強みを無視して新しい強みを探そうとする——。

こうして、強み探しの迷路に迷い込んでいくのです。

疲れる「強み探し」は、もう終わりにしませんか？

強みは、見つけるというよりも、「出合い直す」という発想が必要です。再発見とも言えます。

❖強みは、他人を頼るとラクに見つかる

強みと出合い直す。しかし、どれだけいい品質のメガネをかけたところで、くもっていたら強みは見つかりません。

では、メガネがくもる原因はなんでしょうか。それは、「強みを自力で見つけよう」という意気込みです。強みを「私だけで見つけるんだ！」と孤軍奮闘する必要はありません。強みは他者に見つけてもらえばいいのです。

あなたは仕事の中で「自分がいいと思うモノと顧客がいいと思うモノは違うこと」を知っているはずです。どれだけ「私はこれがいいと思う」と信じていても、上司や同僚がそう思わなければ、それはただの独りよがり。

そうした経験を通じ、多面的に物事を捉える習慣が身についてきたことでしょう。

ですが、自分の強みとなると途端にできなくなってしまいます。

誰しも「自分のことは、自分が一番理解している」と思っているからです。

ただ、そう考えれば考えるほど、「何が何でも、強みは自分で見つけなければ」という考え方に囚《とら》われ、「本当の強み」から遠ざかってしまいます。

つまり、自分で無理やり決めた「主観的な強み」を武器だと思い込み、実は周りから求められている「客観的な強み」に蓋《ふた》をしてしまっているのです。

自分の強みを本当に理解している人は、他者の何気ないひと言を聞き逃しません。仕事をしている中で、何回も「ありがとう」と言われることや、「え、もうできたの？」などと驚かれることはありませんか？

そういった出来事を思い返してみてください。実は、そうした何気ないやり取りの中に、強みを再発見するヒントが隠されています。

なお、本章では「自分では自然にできる」と思っているけれど、「他人からは、なぜできるの？」とうらやましがられる仕事を「ナチュラルジョブ」と表現します。

自然に強みを生かしている仕事のことです。

自分では大したことがないと思っていることの中にこそ、ナチュラルジョブは見つかるのです。

summary

強みは探すのではなく、出合い直す発想を持つ
強みは、自分ではなく誰かに見つけてもらおう
他人の何気ないひと言に、強みを探すヒントが隠されている

1 02

「仕事以外の経験」も武器になる!

❖「強みの記憶」を掘り起こそう

メガネがくもる原因は、もう一つあります。

それは、「強みは、仕事の中から見つけなければならない」という思い込みです。

仕事は人生の一部。もっと長いスパンで考えてもいいですし、「これまで生きてきた時間」から探してもいいのです。新入社員時代、学生時代、もっと遡《さかのぼ》って幼少期から強みを再発見してもOKです。「強みの記憶」を掘り起こすのです。

「仕事以外から探してきた強みで転職できるの?」と思った人もいらっしゃると思います。若手時代でも学生時代でもOKな理由をお伝えしましょう。

ある相談者さんの例を紹介します。一人で企業広報を担当していた方で、転職後はWebメディアの編集者として記事を作成しながら、メンバーの育成とマネジメント業務をしています。

転職前は「ひとり広報」として孤軍奮闘、得意な文章力を発揮する場面も少なく、仕事の意義を見失いつつありました。

強みを正しく生かせないというのは、自分の本音に蓋《ふた》をし続けることと同義です。この状況が長く続けば、著《いちじる》しいモチベーションの低下を引き起こします。

これは私個人の意見ではありません。「美智子皇后の相談役」としても有名な精神科医である神谷美恵子氏は、「本音に蓋をすること」をこう警告しています。[※4]

自己に対するごまかしこそ生きがい感を何よりも損うものである。そういうひとの表情はたるんでいて、一見してそれとわかる。これがまたかなり多くの神経症をひきおこす原因となっていると思われる。

裏を返せば、転職活動をきっかけに強みに関心を持ったあなたは、働きがいや生きがいをつかみ始めていると言えます。

❖強みは「学生時代」から掘り起こしてもいい

ひとり広報の相談者さんに話を戻します。私は、相談者さんに「そもそも広報の仕事に興味を持ったきっかけ」を振り返ってもらいました。

そこで相談者さんは、高校の頃に作文を友人に教えていた記憶を思い出しました。友人に作文のコツを教え、予想以上の文章が仕上がってくる時の「自分の予想を超える作品を共作することが好きだった」と言います。

そして、ある本音に気がつきました。

一人でネタを見つけて発信するという今の自己完結型の仕事は、本来の私と相性が良くないですね。複数人にコツを伝えてチームワークを重視する連携型の仕事が得意かもしれません。

相談者さんは高校時代まで遡ったおかげで、自分の強みと出合い直しました。そしてWebメディアの編集者に転職し、水を得た魚のようにイキイキと働いています。

強みの記憶を掘り起こす際、相談者さんのような立派なエピソードなんてなくても構いません。「なんとなく、今の仕事と関連がありそうな過去の出来事」を思い出すだけで十分です。「そういえば高校の時のあの経験が、今の仕事につながっているのかもしれない」といった後づけでＯＫです。

現時点では、「これまで生きてきた時間すべて」があなたの強みに変わることだけ、覚えておいてください。焦ることはありません。3－12で紹介する「自分大全」という資料を作る際に、また詳しく説明します。

強みの記憶を振り返ることは転職活動だけでなく、日々の仕事の意義を見直す際にも有効です。忙しいビジネスパーソンは毎日できませんが、何かの折に振り返ると、自信を持って仕事ができるようになります。ぜひ、試してみてください。

summary

強みは、仕事以外の要素から探し出してもいい
「今の仕事に興味を持ったきっかけ」を振り返る
強みは後づけでいい

1
03
「興味・評価・依頼」の三つの矢印

「他人からの興味」は、最高のヒント

強みは自分ひとりで見つけなくていい。他人に見つけてもらってもＯＫとお話ししました。しかし、いくら他人に見つけてもらうといっても、多くの人は「私の強みはなんだと思う？」といきなり聞かれても困惑してしまいます。

そこで使うのが、他人の目線が自分に集まる「三つの矢印」。三つの矢印とは、職場の人や友人といった周りの人が、あなたに向ける「興味・評価・依頼」のことです。まずは、「興味」から説明します。先ほど、「自分の強みを本当に理解している人は、他人の何気ないひと言を聞き逃さない」とお話ししました。

あなたにも仕事をする中で、「何それ？」「どうやってるの？」「なんでやってるの？」と他人から聞かれるような、自然と強みを生かしたナチュラルジョブが必ずあります。

私が転職エージェントをやっていた経験を振り返ると、「求人票ってどうやって書いているの？」「なんでテレアポ前に企業分析をしているの？」と同僚に聞かれる場面が多々ありました。

最初は質問されること自体が不思議でしたが、私はこの他人からの興味を掘り下げました。すると「文章を書くこと」「実行前の戦略を考えること」が得意なのだと気づけました。

質問に答えた時、相手の反応が素っ気なくてもOKです。

その人がたまたま「興味」で留まっただけで、他の人は「評価」「依頼」するあなたの強みかもしれないからです。

❖依頼は、あなたの「信頼の結晶」

次に「評価」です。「それすごいですね」「なんでできるんですか？」と驚かれたことはありませんか？

「いやいや、普通ですよ」と謙遜したり、「社交辞令だよな」「なんか、持ち上げられている？」と逆に冷めた記憶を思い出した方もいるかもしれません。

しかし、**「他人から褒められた事実」が重要です。**

たとえば「なんであの人とちゃんとコミュニケーションできるの？　私にはできない」と言われたことがあるとしましょう。その「あの人」の性格を掘り下げると「『才能豊かだけど、性格に難がある人』とのコミュニケーションが得意な私」という強みを持っているあなたに気づきます。

評価の矢印は仕事の人間関係に限らず、学生時代や幼少期の友人でも構いません。むしろ過去の記憶であればあるほど、あなたに深く根ざしている強みである可能性があります。

「依頼」は、転職や職場で今すぐ使える強みです。「●●さん、これできるかな？」「これやってほしい！」と頼まれた経験は、他人があなたの強みを理解して「仕事を頼んできた」証拠です。興味、評価を超えた実践的な強みと言えるでしょう。

その強みに気がつくために、自分にこう質問してみてください。

- 依頼される機会が多い場面や役割は何だろう？
- どんな人にどんなことを頼まれるだろうか？
- 「学生時代」「若手時代」「最近」、頼まれたことに共通点があるんじゃないか？

「依頼」は、あなたがこれまで蓄積してきた信頼の結晶です。あなたの「実績の歴史」とも言えます。

その実績は、面接で「借り物ではなく自分の言葉で話している」と面接官に感じさせる力強い味方になるでしょう。

summary

「興味を持たれた事実」にフォーカスしてみよう
「評価された経験」を振り返る
「依頼された経験」は、転職でそのまま使える実践的な強み

1
04

強みとは、「希少性」のことである

❖真夏の海でかき氷を売れ！

ところで、そもそも強みとはなんでしょう？

私なりに強みを定義すれば、「希少性」です。特に説明がなければ以降の強みはすべて希少性の意味で使うので、覚えておいてください。

では、希少性とは何でしょうか？　それは、「真夏の海でかき氷を売れ！」です。

さらに続けるなら、「真冬の山で売るな」でしょうか。

ちょっと私と一緒にイメージしてみてください。35度を超える炎天下の真夏の海で、かき氷が置いてあります。平均的な値段が200円の中、他に冷えたアイスや飲み物がなければ、4倍の値段の800円でも買うでしょう。

一方で、吹雪《ふぶ》く真冬の山でかき氷が置いてあります。果たして、売れるでしょうか？平均的な値段の4分の1の50円ですが、他に何もなくても買いたくないですね。真夏でも真冬でも、売っているのは同じかき氷。モノは変わらないのに、なぜ真夏には800円でも飛ぶように売れたのでしょうか？

答えは「かき氷が求められる環境にあり」「代替品がなかった」からです。

暑くて他に選択肢がなければ買いたいし、寒ければ選択肢がたくさんあっても買いたくありません。

これが強みの正体です。需要が増えている中で、あなたしか供給できないもの。それが希少性です。希少性があれば、あなたは歓迎されますし、入社後の仕事や人間関係のストレスから解放されます。代わりがいないため、大切に扱われるからです。

あなたにとって、「真夏の海で売れるかき氷」は何でしょうか？

❖評価される環境に移動してから、努力しよう

かき氷が最も売れる、つまり強みが発揮されるには、どうすればよいでしょうか？

それには、かき氷の価値を高めるだけでは足りません。環境との相互作用が必要です。公式にすると「希少性＝高く買われる環境に移動する工夫×かき氷の品質を上げる努力」となります。**この公式の順番が大切です。**

人に当てはめると、「今の自分を高く評価してくれる環境に移動する➡ストレスなくできる仕事のレベル上げ」の順番になります。

責任感が強く真面目な人ほど、環境を移動する前にレベルアップを図《はか》ります。ですがそれは、「報われない環境で努力」している危険性もあります。私はこれまで評価されない環境で努力を続け、疲れてつぶれてしまう人をたくさん見てきました。

私自身も、そんな経験があります。「君は他の企業に行っても通用しない」と言われ、期待に応えられるように努力し、つぶれてしまい、早期退職から無職になりました。

「頑張っているのに報われない」と悩む人に真っ先に必要な工夫は「移動」です。「自然体で働くあなたの姿を高く評価してくれる環境に移動すること」です。真冬の山でかき氷を一生懸命売るように「そもそも合わない環境で受け入れられる努力をすること」ではなかったのです。

もしも、あなたが「こんなに頑張っているのに、成長実感がない。むしろ頑張るほど沼にハマっていく感覚すらある」と思ったら、「合わない環境で受け入れられる努力をしていないか」を冷静に振り返ってみてください。あなたのせいではない可能性が高いからです。環境を変えることを視野に入れるタイミングが来ています。

そう考えると、自ずと「良い転職とは何か」といった問いの答えが出ます。

それは本来のあなたを高く評価し、ムリせず実力を発揮できる環境を選ぶこと。これが、転職活動の目的です。

必ずしも、有名企業に入社したり、給料を3倍にすることではありません。

実際にこれらを目標に転職する人もいますが、自分に合っていなければ数年後には「幸せだったのは最初の半年だった」と言い始め、「転職しようかな」と悩み始めます。

一方で、誰もがうらやむ優良企業に転職したのに、「本気で仕事ができなくて辛い」と相談しにくる人もいらっしゃいます。つまり、環境が合っていないのです。

どこで働くのか、そしてそこは自分に合っているのか。これが、転職活動で最もあなたを幸せにする問いです。

❖「強みの移動」で、内定を簡単にゲット！

真冬の山でかき氷を売るように、いくら強み（自分の売り）が見つかっても、場所（売り場）を間違えれば、効果はイマイチ発揮できません。

私の相談者さんの事例をご紹介します。

もともと携帯電話の販売をしていた女性で、「テンプレートの営業プランをただ紹介するのではなく、もっと自分のアイデアを生かす余地のある営業職に就きたい」と考えて転職活動をしていました。

そこでＷｅｂ広告や広告代理店の営業職を希望しました。しかし、いくら頑張っても内定が出ません。何十社も出して、書類がようやくポツポツと通る程度です。

やっとの思いでたどり着いた面接では、「いつも空気が悪かった」と感じていたそうです。

そこで、どうしたのか？

「強みが発揮される環境に移動する作戦」に切り替えました。志望業界を、業務システム販売のＩＴ営業にシフトしたのです。

すると、何のストレスもなく複数社から内定オファーが出るようになりました。履歴書・職務経歴書の内容も、面接で話すことも、性格も変えていません。

彼女の強みは、「できないものはできない」とハッキリと伝える性格でした。

彼女はＷｅｂ広告や広告代理店の面接で、その性格についてこう言われていました。「制作を担当する社員と調整すればできるかもしれない案件を断ってしまいそうだ。『とりあえずできると言って、後から考える』この業界では難しいんじゃないか」。

もちろん、Ｗｅｂ広告企業や広告代理店のすべてに当てはまるわけではありませんが、「一理ある」と相談者さんはその意見に説得力を感じたそうです。

彼女は「志望業界に行くには性格を変えるべきでしょうか？」と相談してくれました。確かに、目の前の内定が目標ならば、本来の自分を隠して合わせに行くことが近道です。しかし、性格まで変えてしまったら、入社後に辛くなります。

❖環境によって、能力は「強み」にも「弱み」にも変わる

そこで、私はこう提案しました。

「できないものはできない」とハッキリと伝えられる本来の性格を、強みと評価される業界に移動しませんか？

そこで、ＩＴ営業の求人に変更したのです。その後の面接の評価は、見違えるものでした。ハッキリと物事を伝える性格が、「真摯《しんし》な態度で顧客から信頼される」「社内のエンジニアと良好な関係を築ける営業職として活躍する」と高評価を受けるようになったのです。これが、強みを移動させる効果です。

環境によって、能力は「強み」にも「弱み」にも変わります。転職活動とは、環境に合わせるように自らを捻《ね》じ曲《ま》げていくものではありません。ストレスを感じずに自然体で強みを発揮できる環境に移動することです。

自分を無理に変える努力は我慢や嘘となり、入社後に爆発します。

右利きが左利きになろうとすると、大きな苦痛を伴うのと同じです。仮に左利きになれても、もとから左利きだった人と比べて成果を出しにくいでしょう。

２倍３倍と努力してようやく平均に追いついている状況の中で、「あの人は楽しく成果を出している」と落ち込みます。

本当は、あなたはすでに無理せずともうまくいく強みを持っているのです。勝ちやすいところで、勝負しましょう。

そのために、そのままのあなたを強みと評価できる環境を見つけるのです。

summary

強みとは、希少性である。希少であれば、大事にされる

働く場所を移動してから、レベルアップしよう

勝ちやすい場所で勝負するために「強みを移動」しよう

環境によって、能力は「強み」にも「弱み」にも変わる

1
05
「弱みを武器に変える」発想の転換

❖休職、無職、早期退職……転職を阻む「三つの壁」

私のもとに届く転職相談は、「市場価値を高める転職の方法を教えてください」という、強気なものばかりではありません。「休職や無職期間、早期退職の経験は不利ですよね？」といった相談もいただきます。

私自身、キャリアのピンチを数回経験しています。その立場から申し上げると、「あなたと一緒に働きたい」とオファーしたがっている会社は、いくらでもあります。

国内だけでも会社は約260万社もあるのですから、簡単に諦めることもありません。

確かに、古い考えの企業は休職や無職、早期退職の経験があると、「働く意欲が低い」

と見なす傾向があります。ですが、そんな狭い価値観しか持たない会社が、あなたの経験や実力、人柄を正しく評価できるとは思えません。「キャリアブランク」なんてレッテルは、剥《は》がしてしまいましょう。「キャリアブランク」は活用すれば、あなただけの名札にさえなります。


さて、こうしたキャリアのピンチがきっかけで転職相談に来られる方のお話を伺っていると、たいてい「三つの壁」に囲まれています。

一つ目は、自分が働ける場所はもうないと絶望する「自分の壁」

二つ目は、早期退職が理由で書類選考が通らないと自信を失う「応募の壁」

三つ目は、早期退職の理由をどう答えるのかと悩む「面接の壁」


とても、辛いことです。ですが安心してください。三つあると思われた壁の正体は、実は一つだけ。「応募の壁」だけです。なぜなら、「応募の壁」さえクリアすれば、自ずと「自分の壁」も「面接の壁」も乗り越えられるからです。説明させてください。

❖会社HPの「メンバープロフィール」を見てみよう

応募の壁を突破する具体的な方法をお伝えしましょう。キーワードは、「同じ傷を持った仲間を見つける」ことです。

1-4で「環境によって、能力は『強み』にも『弱み』にもなる」と説明しました。ならばそれに従って、**キャリアピンチをプラスに捉える企業に絞って応募すればいいのです。**休職や無職、早期退職をネガティブに捉える企業なんて、最初から受けなくても大丈夫です。

「いや、そんな甘い企業はない」という声が聞こえてきそうですが、世の中には本当に多種多様な企業があります。

一度、倒産を経験した社長が経営している企業、うつ病から復帰した役員がいる企業など、探せば出てくるものです。会社HPの会社概要にある「メンバー紹介」、SNSで社名を検索して出てきた「メンバーのプロフィール」など、いくらでも調べる方法はあります。

実際に、リストラのショックのあまり半年間無職を経験した相談者さんは、リストラされた経験のある社長の会社を見つけて応募しました。

人事面接では、「リストラ経験って人を強くしますよね。うちの社長がいつも言っています」、社長面接では「リストラ経験がある人、うちの会社に多いんですよ」と伝えられ、とんとん拍子で入社にいたりました。

この相談者さんは、「同じ悩みや苦労を経験した仲間って本当にいるんですね。マイナスだと思っていた経験が、プラスになるとは思いませんでした」と語っていました。

そう考えと、私がよく相談者さんに聞かれる**「休職のことは、履歴書に書かないほうがいいですよね？」という質問の答えが見えてきます。書いてもOKです。**

理想論に聞こえるかもしれませんが、あなたが「あれさえなければ……」という経験を「その経験を持ったあなたこそ必要」と考える人たちがいるのです。

❖あなたの「弱い部分」こそ受け入れたい会社がある

転職活動は強みを披露し、最強の自分をアピールして入社する。

そんなイメージが強いものですが、**「弱みも打ち明けて、最弱の自分を知ってもらう。それでも歓迎される」ほうが、入社した企業とは長いお付き合いができます。**

勇気がいることですが、考えてみれば自然なことです。

なぜなら、前者は映画の面白い部分だけを集めた宣伝を見て、映画全体を評価するようなものです。それに対して、後者はすべてを見終わって、映画全体を評価しています。

つまり、「最高の状態のあなた」だけを見て働きたいと考える企業と、「最低の状態のあなたとも働きたい」と考える企業の、どちらがあなたの一部ではなく全体を正しく理解しているか、という話です。当然、後者でしょう。

発想を変えれば、あなたが弱みだと思っている経験が強みに変わる瞬間が訪れます。

人間関係と同じです。強みや良さだけでつながるよりも、弱みや欠点を知ったうえでつながるほうが、強く結ばれた関係になります。

実は、経営者側の意識も変わりつつあります。私が組織開発で携わっているクライアントの社長は、こう考えています。

「経営者の立場から言えば、いつでも最高の状態で働ける社員だけ集めたい気持ちはある。でも、その考えは甘すぎる。

病気、子育て、介護――一時的に働けなくなる『キャリアの中断』は、誰にでも起こり得る。これによって、みすみす優秀な社員を失う必要はない。ピンチが訪れても安心して働けるセーフティネットや組織づくりが必要だ。これが、経営者の仕事ではないか」と。

会社を長期的に経営しようとしたら、社員の弱みを共有し合うことが大切なのです。キャリアのピンチは確かに大変な苦労です。この原稿を書いている最中にも、複数の外資系大手ＩＴ企業が大量のレイオフを実施したというニュースが飛び込んできました。大手の日系企業が早期退職の実施を発表する光景も、もはや日常となりました。

誰もがリストラや休職、介護離職や無職を経験する可能性のある時代。同じ悩みや苦労を経験した仲間は、増えつつあります。

summary

休職、無職、早期退職――同じ経験をした仲間の職場を見つけよう
志望企業のメンバープロフィールを見てみよう
経営者の間に、「弱み」に注目する意識が醸成されつつある

1
06

「弱いつながり」が、あなたを最高の職場に運ぶ

❖転職エージェントを使わない「裏口転職」

応募の壁を乗り越える方法を、もう一つお伝えします。

それは、「裏口転職」です。なにやら悪いことをしそうな名前ですが、ご安心ください。方法が特徴的なだけで、合法的かつ正当な方法です。

では、どんな特徴があるのでしょうか？　それは、「間に転職エージェントや転職サイトを挟まないこと」です。「直接応募」や「知人紹介」といった転職です。

転職活動といえば、転職エージェントや転職サイトを通さなければならないと思い込んでいませんか？　転職に、そんなルールはありません。

なぜ、この方法を紹介するかというと、転職サイトや転職エージェントを通した転職は、圧倒的に「順風満帆《じゅんぷうまんぱん》なキャリア」の人が有利だからです。

厳しい現実ですが、表玄関は一部の人にしか開かれていません。私のように早期退職や無職、介護離職を経験している「ワケアリ」の人は、転職エージェントや転職サイトを通すと不利な立場に立たされます。

ですが、裏口玄関は常に開かれています。それが「知り合いをたどる転職」です。転職は仕事だけでなく「あなたの人生すべてを使って勝負する」ものです。「裏口転職」は、その好例。あなたは既に転職ルートを持っています。**「知り合い」は、存在そのものが転職における「強み」となるのです。**

知り合いであればあなたの普段の性格や人柄をすでに知っているので、飾る必要はありません。転職というと「未知の環境に飛び込む」イメージがありますが、それは一部です。「すでによく知っている環境に迎え入れられる転職」が一番あなたの良さを入社後に生かします。

❖「ちょっとした知り合い」が、あなたを助ける

私たちは「一番いい転職方法は転職エージェントか転職サイトだ」と思い込まされていたとわかる説があります。

「弱い紐帯《ちゅうたい》の強み（The strength of weak ties）」という説をご存知でしょうか？

転職などの場面で新しい展開をつくってくれる要因は、家族や友人関係といった「強いつながりよりも、ちょっとした知り合い程度の「弱いつながり」であるとする説です。

この説を唱えて現代の社会学に大きな影響を与えたマーク・グラノヴェッター氏は、著書の中でこう記しています。[※5]

人的つながりを用いる人々は、現職に非常に満足する傾向が最も高く、逆に満足感を表明しない可能性が最も低かった。そして〝直接応募〟、フォーマルな方法の順で満足度が低くなった。

「人的つながり」が仕事を見つけるうえで、直接応募とフォーマルな方法よりも「満足度を上げる」としています。これは重要な指摘です。

さらには仕事を見つける方法は収入と強い関係があることも説明しています。「人的つながり」はその他の仕事探しの方法よりも、はるかに多くの収入をもたらします。**人的つながりを用いる人々のほぼ半数（４５・５％）が１万５０００ドル以上の収入を得ており、フォーマルな方法を用いる人々で同様な収入を得る割合は３分の１以下である。直接応募の場合には５分の１である。**

人的つながりは「最終手段」と思われていますが、実は「最初の手段」であり、もっともいい転職方法として使っていいのです。

❖あなたの「半径5メートル以内」に最高の求人はある

実際に、相談者さんたちが用いた「弱いつながり」を五つご紹介します。

一つ目は「学生時代のバイト、ゼミ、サークルの仲間」です。当時の上司や先生、先輩や後輩、バイト中に名刺をもらった人に連絡して転職が決まった人もいます。

二つ目は「親族の仕事仲間」。親の会社員時代の後輩の知り合いの会社に入社した人もいます。親族だってあなたの立派なつながりなのです。

三つ目は、名刺交換した顧客や取引先です。退職してから5カ月ほど転職活動を続けていた相談者さんで、前職で得た名刺の人々に片っ端から「転職活動中です」と連絡した人がいました。もちろん、返信がなかった人もいますが、3割くらいの人は返信をくれたと言い、そこから転職の糸口を掴みました。

四つ目は「趣味のつながり」です。これは侮《あなど》れません。登山サークルに所属していた相談者さんは、同じサークルのメンバーに「転職活動をしている」と雑談で話したことがきっかけで、メンバーが所属する企業から内定をもらいました。

結局は、その会社には入社しませんでしたが、「求人は自分の半径5メートルにある」と気づいた相談者さんは、勉強会やセミナーに積極的に参加するようになりました。そこで知り合った人が紹介してくれた会社に転職していきました。

五つ目はSNSです。Twitterで「転職活動をはじめました。詳しい経歴はDMしますので、もし興味を持ってくださる人がいたらご連絡ください」と投稿して転職した相談者さんもいます。「私はインフルエンサーでもないし、フォロワーも少ない」と謙遜される人も多いのですが、SNS経由で転職した相談者さんのフォロワーは210でした。数は関係ないようです。

つながりは、年齢が上がるにつれて大切になります。年齢と共に求人数は減るのに、仕事で求められるハードルは上がる。希望に合う求人が減るのです。

一方で、年齢と共に蓄積できるものがあります。それがつながりです。職場だけでなく、休日やプライベートでの活動も資本になります。

あなたの半径5メートル以内に、あなたにぴったりの求人はあります。

summary

転職エージェントや転職サイトが、すべてではない
「かつてのバイト仲間」「親族の仕事仲間」「名刺交換した人」「趣味のつながり」「SNS」の五つで、転職の糸口をつくろう
歳を取るほど、つながりは重要になる

1

07

「職種名の檻《おり》」から出る「仕事のみじん切り」

❖実力がある人ほどハマる「これしかできない病」

ずっと営業だから、この先も営業しかできません。

広報一筋15年で転職できる年齢も過ぎました。この業界で生きるしかありません。

私のもとに、こうした相談が今日も届いています。

一般的には、「一貫した経歴が理想的」「専門性があるとアピールできそう」とうらやましがられます。しかし、一つのことを突き詰めたプロフェッショナルほど「これしかできない」という謙虚の谷に落ちます。

実力がある人ほど、自信がない。これは、転職市場の不思議なところです。

ここでは、「これしかできない」「この業界にしか居場所はない」という考え方は、絶対にあり得ないと全否定させていただきます。

この仕事しかできないという「職種名の檻」から出てみませんか？　あなたの経験の深さや強み、これまでの苦労や試行錯誤は、もっと汎用性があるはずです。

そうは言っても、「これまで培《つちか》ってきたスキルが他業界でも通用すると証明する方法がわからない」「職種を変えるなんて今さら無理」と考える人が、ほとんどです。

実際は、「営業担当から採用担当」「システムエンジニアから広報担当」といった具合にジョブチェンジした例はいくらでもあります。

では、どうやって他職種・他業界への転職を果たせたのか？　説明いたします。

❖誰でも、汎用性の高いスキルを持っている

職種名の檻から出る鍵は、仕事を細かく分解することで手に入れます。**みじん切りと言えるほど分解します。すると、あなたが今まで何気なくやっていた仕事の中に、**

他の職種・業界でも通用するスキルがあることに気づくはずです。

では具体的に、どのように仕事をみじん切りするのでしょうか？

次の図をご覧ください。転職エージェントの仕事を例にしました。

企業の調査、企業との商談、求職者との面談、求人票作成、求職者の面接対策、企業の面接フォロー、求職者の内定受諾のフォロー、入社後の企業フォロー、など少なくとも八つのグループに分けることができました。

業務を時系列に沿って整理し、で大まかに書き出しただけです。しかし、これで終わりではありません。業務のレイヤーをさらに細かく分解していきましょう。

たとえば、企業の調査を「求人がありそうなリストの発掘」「『いい会社なのか』分析」「社名と電話番号、メールアドレスの調査」など、より具体的にみじん切りにできます。

ポイントは、まったく転職エージェントの仕事を知らない人に対して業務マニュアルをつくるつもりで、細かく分解することです。

このマニュアルを見るだけで、何をすればいいのかひと目でわかるクオリティにま

■「仕事のみじん切り」の一例

企業の調査
- 求人がありそうなリストの発掘
- 「いい会社なのか」分析
- 社名と電話番号、メールアドレスの調査
- テレアポ
- 反応の良いメール作成、送信
- 商談の日程調整

企業との商談
- 求人ニーズの背景の調査、仮説立て
- 仮の求人票の作成
- 当日の商談のシミュレーション
- 具体的な仕事内容、求める人物像のヒアリング
- 今後の事業方針のヒアリング
- 会社の魅力のヒアリング

求職者との面談
- 履歴書・職務経歴書を事前に出すようにリクエスト
- 書類の読み込み、添削
- 内定確率の高そうな求人のピックアップ
- ヒアリング項目のリストアップ
- 一言化できる強みの仮説立て

求人票作成
- 具体的な仕事内容のライティング
- チーム体制のライティング
- 応募するきっかけとなる魅力の言語化
- 企業とのすり合わせ
- 追加情報のヒアリング

求職者の面接対策
- よく聞かれる質問とおすすめの回答の作成
- 求職者にあった回答の作成
- 話し方、マナー、テンションの指導
- 当日の持ち物のチェック
- 面接終了後の流れの共有
- 面接後のお礼メールの作成のリクエスト、添削

企業の面接フォロー
- 企業に面接の所感のヒアリング
- 誤解があればその場で解く
- 感触が良ければ具体的な理由を聞いて求職者に展開
- 次の面接日時の候補日の取得

求職者の内定受諾のフォロー
- 企業から内定受諾の締切をもらう
- 求職者が納得できるように情報提供、ヒアリング、相談
- 企業から追加情報のヒアリング
- オファー面談の設定
- 必要があれば現場面談の設定

入社後の企業フォロー
- 入社当日に出社しているかの電話確認
- オンボーディングのアドバイス
- 請求書の作成、送付
- 追加求人のヒアリング

で仕上げられれば、みじん切りの完成度はとても高いと言えるでしょう。

すると、小さな作業が41個見つかりました。少なく見積もってこの数です。私の相談者さんで、80や90個ほど仕事をみじん切りできた人もいます。

さて、もう一度分解した仕事をご覧ください。「求人がありそうなリストの発掘」「『いい会社なのか』分析」「社名と電話番号、メールアドレスの調査」……、こうした仕事は、たとえば調査会社や営業など、業界・業種を問わず通用するスキルだとわかるのではないでしょうか。

このように、あなたが普段から何気なく行っている業務を一つひとつみじん切りして可視化すると、他の職種・業界でも通用する強みが見つかります。

それだけでなく、書類提出や面接の際、あなたがどんな仕事をしているのかを具体的に伝える手助けとなるでしょう。

スポーツ史上最も偉大なコーチの一人として名高いバスケットボールのコーチのジョン・

ウッデン氏は、著書で「簡単に吸収できるように小さく分割すれば読みやすくなって、最も効果的かつ効率的に学習できる」と指導しています。※6「分解する」は武器なのです。
あなたも今の仕事を、具体的な作業に分解してみましょう。

summary

他職種・業界に通用するスキルは、あなたもすでに持っている
時系列に沿って、自分の業務を分解してみよう

1
08

「好き」は、最強のモチベーション

❖「仕事になる好き」と「仕事にならない好き」の見分け方

好きを仕事にする。最近、よく聞くフレーズです。しかし、賢明なあなたは「得意」と「好き」は違うことにすでに気がついています。「好き」を仕事にしたことで、苦労した人もいらっしゃるでしょう。

そんなあなたに、私はあえて言います。好きを仕事にしてください。なぜならば、「好きなものなら頑張れる」性格は、最大のモチベーションになるからです。

特に、営業や企画職に携わる人々は、自分が惚《ほ》れ込める商品やサービスを見つけると仕事が激変します。仕事に自信が持てて、仕事そのものが大好きになります。

また、好きだから辛いことにも耐えられるということもあります。
「好き」はそれだけで、あなたにしかない強みとなるのです。

ですが、好きの中にも、「仕事になる好き」と「仕事にならない好き」があります。
次のマトリックスを使えば、仕事になる「好き」と、仕事にならない「好き」がひと目でわかります。

軸は、「お金」と「時間」です。

まず漠然とでいいので、あなたが興味のあることを箇条書きにしてみてください。
私ならば、読書、サッカー、音楽、茶道、花など。「興味はあるかな」程度で構いません。
「本当に興味があるのか」「趣味と言えるほどなのか」などと、今は深く考えなくてもＯＫです。

そして、興味のあるものリストを「実際にお金をかけている」と「実際に時間をかけている」という二つの軸で四つのグループに分けてください。

家計簿とスケジュール帳を眺めると、よくわかります。つけていなければ、１ヵ月

■ お金と時間でわかる「仕事になる好き」

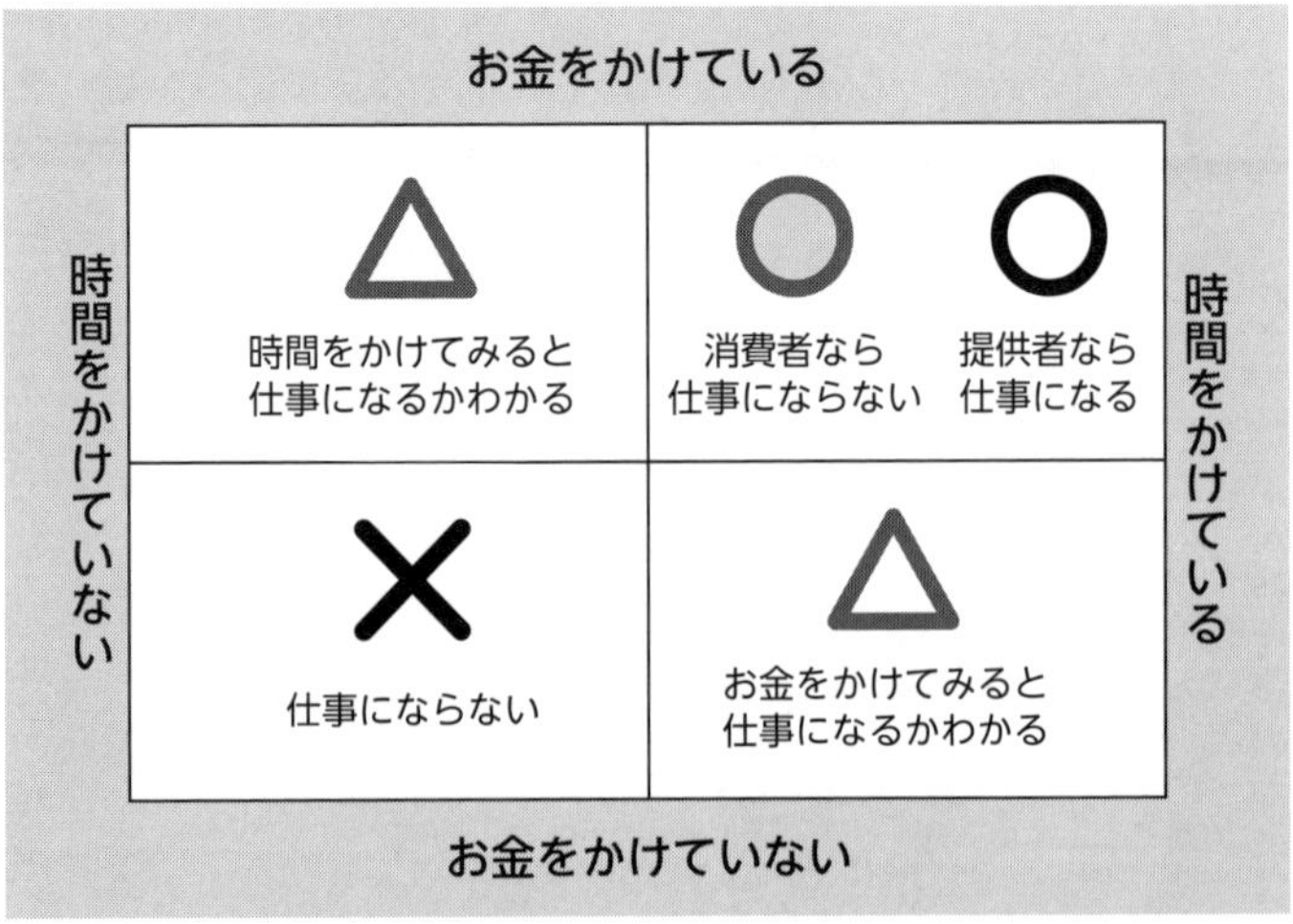

でいいのでつけてみてください。自分が何にお金と時間を使う、つまり「どんなことに価値があると考えている人間なのか」が、わかります。

あなたも本気のものには、お金と時間を費やしているはずです。

私はサッカー部だったのでサッカーは興味リストに入っていますが、今は3カ月に1回フットサル大会に出るくらいです。

そういった「好きだと思っていたけど、時間をかけていない」「好きだけど、お金をかけなくても満足できているもの」などに仕分けしていくと、「案外、仕事にするほど好きではない」「実は、これは仕事にしたいほど大好き！」といったあなたの内面が明らかになります。

仕分けた結果、「誰に言われなくとも、費やしているもの」があれば、それは確実に大好きなことです。あなたの強みであり、転職の場や職場で生かせる時が必ずきます。

❖楽しむ以外に「提供者の視点」はあるか？

慎重なあなたは「好きくらいで仕事になるならば、もっと多くの人が好きなことを仕事にしている」と思うかもしれません。その通りです。そこで、最後の仕分けが残っています。

それは、「私は提供者なのか？」という問いです。

相談者さんを一人紹介させてください。「好き」を軸に転職して、仕事が楽しくてたまらなくなったＷｅｂマーケターの相談者さんです。もともとは、法人向けのＷｅｂ広告の分析サービスをするマーケターでした。商材に興味が薄れてきた自分を騙し、やる気が出ない状態でずるずると働いていたそうです。

そんな相談者さんは、心機一転。「もう自分を偽るのはやめよう」と思い立ち、家具販売の会社のWeb企画担当に転職しました。「毎日、楽しい。大好きなカフェや家具巡りの経験がすべて生かせています。プライベートと仕事はきっちり分けたいタイプでしたが、混ぜちゃう働き方も楽しいとは知りませんでした」と話してくれました。

なぜなら、相談者さんはカフェ巡りを満喫しながら、店内を見渡して「もっと、この椅子にこう照明を当てたらいいのに……」と考えるのが好きだと気づいたからです。

あなたには、ボンヤリとでも「もっとこうしたらいいんじゃないか？」と考えているアイデアはありませんか？

時には、ただ楽しむだけの消費者を超えた構想をしているものもあるはずです。その時点で、あなたはすでに提供者として思索《しさく》しています。つまり、「仕事脳」になっているのです。

「自分の好きが、提供者視点かどうかなんて考えたことがなかった」という相談者さんがほとんどです。

始めることは、まずは家計簿やレシート、カレンダーを眺めるだけでＯＫです。

「こんなことにお金や時間を使っているのか？」と自分がわかってきたら、「この中で少しでも提供者目線で過ごしている時間はあるかな」と自分に聞いてみてください。きっと見つかります。

「好き」という感情は、それだけであなたの強みです。「仕事になる好き」が見つかったら、楽しみながら真摯《しんし》に仕事に打ち込むあなたが戻ってくるでしょう。

見つからなくても安心してください。「自分は好きなものを仕事にしないほうがいいとわかった」という収穫があったのです。

冷静に淡々と、割り切って仕事と向き合うほうが幸せなタイプな人もたくさんいます。あなたにピッタリの仕事との距離感が必ずあります。

summary

「仕事になる好き」と「仕事にならない好き」を分ける
あなたが「お金と時間」をかけていることを探そう
消費者を超えた「提供者目線」の瞬間を思い出そう

1

09

あなたがすでに手にしている「3タイプの実績」

「利益＝売上－コスト」で実績を炙り出す

職務経歴書に書けるほどの実績なんて、ないんです。

目の前の仕事に一生懸命な人ほど「誇れる実績なんてない」と悩みます。


多くの求職者が陥る罠ですが、「誰もがあっと驚くすごい実績」を持っている必要はありません（その理由は、第3章で解説します）。

すごい実績以上に企業が求めているものがあります。

それは「我が社に利益をもたらしてくれるかどうか」です。

なぜなら企業の目的は「利益を上げること」に尽きるからです。

では、「私は利益をもたらす人物です」と証明するにはどうすればいいでしょう？ **最初の一歩は、「今の会社（もしくは直近の会社）でどんな利益を出す行動をしているか？」を振り返ることです。**「この人は弊社に利益をもたらしてくれる行動を、入社後に取ってくれそうだ」と思わせたら、すごい実績はなくとも内定が出ます。

そもそも、あなたは既に実績を手にしています。しかも三つも。ここでは、「ある公式」を用いて、３タイプの実績を浮き彫りにします。

その公式とは、「利益＝売上－コスト」です。**あなたのこれまでの行動や創意工夫のうち、「①売上を上げる」「②コストを下げる」「③売上とコストのどちらにも影響を与える行動」はありませんでしたか？** この視点で強みと出合えます。

❖「わかりやすい成果がない人」はどうする？

「売り上げもコストも、影響を与えた経験なんてあったかな」と思っても大丈夫です。

私が担当した営業の相談者さんが書いた例を使ってご説明します。

■利益の公式で炙り出す実績表（営業編）

営業の相談者さんの例	売上を上げる	コストを下げる
成果スキル	顧客にサービスの価値の高さを伝えたいと思ったが、自分ひとりの力では難しいと感じた。そのため、マーケティング担当とエンジニアの同僚に提案資料にフィードバックしてもらい、ブラッシュアップした。その結果、これまで値下げ要求に苦しんでいたが、定価で納品できることが増えた。	
原因スキル		これまで、営業社員が独自に提案資料をつくっており、共有する文化がなく失注が続いていたが、原因がわからず営業社員が疲弊していた。そこから「マーケティング担当とエンジニア担当と提案資料をつくる時のフォーマット」を作成。共有することで提案資料のレベルの底上げを行った。結果として資料作成の時間が削減でき、顧客との商談数が増えた。

この相談者さんは、「私はいわゆる営業トップではありません。普通すぎる成績です」と話し、「実績が厳しく問われる営業として、転職は難しいのでは」と悩んでいました。

でも、「利益＝売上－コスト」の公式で、大手企業からもベンチャー企業からも内定オファーをもらえるようになりました。

この相談者さんが実績を炙《あぶ》り出《だ》すために使ったのは、次の表です。横に「売上を上げる」「コストを下げる」、縦に「成果スキル（説明しやすい成果）」と「原因スキル（成果を生んだ要因）」の項目を作り、実績を整理しました。

営業が利益に貢献することを示しやすいのは、売上アップです。釈迦に説法ですが、売上は顧客数と顧客単価に分解できます。「私の経験の中で、顧客数を増やす行動や顧客単価を上げる行動はあるか」と振り返ってみてください。

「これは営業など、実績がわかりやすい仕事だからできることだ」と指摘する人もいらっしゃるでしょう。実際に、事務や人事などの一般的にバックオフィスと言われる仕事は実績を書くことに苦労します。

しかし、だからといって実績がないわけではありません。「数値化しにくいけれど、確かな価値を発揮している」のです。

法務の相談者さんの例をお伝えします。相談者さんは「法務は基本、ルーチンワーク。実績は特にないのが実情です」と悩んでいました。仕事内容をお聞きしてみるとそんなことはまったくないのですが、自分にとても厳しい人でした。

法務などバックオフィスの仕事は、「コストを下げる」という価値を発揮しています。

■ 利益の公式で炙り出す実績表（法務編）

法務の相談者さんの例	売上を上げる	コストを下げる
成果スキル		「自分の仕事が会社に利益を与えていないのでは？」という後ろめたさをずっと感じていた。原因は、営業が法務に契約書の確認にくるまでじっとしている「待ちの姿勢」で仕事をしていたことだった。「自分から仕事がしたい」と考えはじめ、営業から問い合わせが集中する時期、問い合わせが多い顧客の共通点、問い合わせ内容の傾向の分析をした。その結果、特定の時期に似たような顧客から、同じような問い合わせが多いことがわかった。最初は営業社員に同席させてもらいながら、その場で法的な話し合いまで済ませた。最終的には営業社員に「こうしたらその場で解決できる」という回答集を渡した。営業の初回の商談から契約締結までの期間を短くでき、締結のサイクルを早められた。
原因スキル		

実際の例が次の表です。

サッカーで言えば、営業は点を取るフォワードなら、法務などのバックオフィスはゴールを守るバックや、シュートしやすいボールを供給するミッドフィルダーです。営業が点を取ることが仕事なら、バックオフィスの仕事はアシスト。

ですから、ゴールにつながったアシストの数や「そのアシストがどうい

った成果を生んだのか」といったエピソードでアピールすればよいのです。

それでも実績が見つからないと思ったら、今日から一つでも「売上アップやコスト削減に貢献できること」を探して、行動に移してください。

「何もしてこなかった」と思っても、一時的にメガネがくもっているだけで、「こんなにも仕事をしていたのか」と気がつくはずです。転職活動をきっかけに仕事の仕方を変え、大きく成長した後に転職する人もたくさんいらっしゃいます。

summary

「利益＝売上－コスト」の公式で実績を見直す
「売上アップ」「コスト削減」「成果スキル」「原因スキル」で仕事を分解
実績を数値化しにくい人は、アシストでアピール

第2章

働きやすい職場が見つかる「企業分析」

2
01

「モンスター企業」を一発で見抜く検索方法

❖「攻めと守り」の企業発見・分析

いい企業は、どこにありますか？　キャリア相談の中でよくいただくご質問です。給料が高い、休みが取りやすい、福利厚生が充実している、成果を出しやすい——、さまざまな要素が出てくるはずですが、どの条件が自分にとって好ましいかは人によって違います。同様に、自分にとっていい会社も人それぞれ。そう考えると、いい会社とは「自分に合っている企業」と言えるでしょう。転職活動はそうした企業に集中すべきです。

ただし、いい企業を見つける前に明らかに労働条件や環境が悪い、いわゆる「やばい企業」は避けなければなりません。「企業は、入社してみないとわからない」とは言うものの、明らかなハズレはわかるものです。

転職では「攻めの企業発見・分析」と「守りの企業発見・分析」が存在します。

攻めとは、年収アップや仕事のレベルが上がるといったステップアップを目指して「急成長のポテンシャルのある企業」「ストックオプションを期待できる企業」などを見つけ、調べることです。

一方、守りとは長く安心して働くことを念頭に、「休暇を取りやすい職場」「コミュニケーションの取りやすい職場環境」などを見つけ、調べることです。

どちらも大切なのですが、片方に偏《かたよ》るケースが後を絶ちません。入社後に「前の職場のほうがストレスは少なかった」「もう少しちゃんと調べればよかった」と後悔するケースを、私はいくつも見てきました。

そうならないよう、攻めと守りの企業発見・分析の両方を行ってください。

本章ではまず、「モンスター企業を見分ける方法」「目星をつけた企業が自分に相応しいか確かめる方法」をご紹介します。

そのあとで、「隠れた優良企業」やあなたに合った企業の見つけ方を紹介します。

❖「モンスター企業」から身を守る調査法

創業の精神や社訓は立派なのに、社員の眼が死んでいる。

サービス残業が常態化し、給料を時給換算すると最低賃金を下回る――。

こうした、明らかなモンスター企業を避ける方法から解説していきます。

なお、モンスター企業の特徴は、厚生労働省が「『ブラック企業』ってどんな会社なの?」という質問について答えている内容を参考にします。[※7]

① 労働者に対し極端な長時間労働やノルマを課す

② 賃金不払残業やパワーハラスメントが横行するなど企業全体のコンプライアンス意識が低い

③ このような状況下で労働者に対し過度の選別を行う、などと言われています。

と記述しています。

さて、モンスター企業を避けるポイントは、国の力を借りることです。いくつか方法はありますが、まずは正規の調べ方から紹介します。

一つ目は、厚生労働省が公開している「労働基準関係法令違反に係る公表事案」です。調べ方はいたってシンプル。「労働基準関係法令違反に係る公表事案　令和4年」と検索サイトに打ち込むだけ。こちらには、法令違反した企業が掲載されています。掲載されているのは、大手企業や有名企業だけではありません。メディアが報じない中小・中堅企業の実態もわかります。

掲載されている情報は「企業・事業場名称」「所在地」「公表日」「違反法条」「事案概要」「その他参考事項」です。「企業・事業場名称」を見れば、そもそも法令違反をする企業の求人に応募しなくても済みます。「事案概要」を読めば、その法令違反がどれくらい悪質なのか、慢性的なのかがわかるでしょう。

❖「隠れモンスター企業・部署」の見抜き方

しかし、この方法は完璧とは言えません。都道府県労働局長に宛てた厚生労働省労働基準局長の文書では、「掲載時期及び掲載期間」が次のように記されています。

「公表日から概ね1年間とし、公表日から1年が経過し最初に到来する月末にホームページから削除するものとする」

つまり、1年経てば求職者からは「過去に法令違反をしていたかどうか」がわからなくなるのです。

公表日から1年以内であっても削除される可能性もあります。「送検事案が、ホームページに掲載を続ける必要性がなくなったと認められる場合」「局長指導事案が、是正及び改善が確認された場合」などです。

このように、わかりやすいモンスター企業ばかりだけでなく、「大手優良企業のモンスター部署」も存在します。全体としてはいい職場ですが、「体調を崩す社員が続出する部署」が存在する部署などです。

そうした部署は、上司や顧客がとんでもないケースもあります。

社員の気持ちや事情を無視して猛烈に働くことを求める管理職や、お金を支払う立場を悪用して契約以上の内容を要求する顧客のせいで、社員が疲弊して退職が相次いでしまうのです。

こうした「隠れモンスター企業」「隠れモンスター部署」を知るには、転職の口コ

ミサイトを覗いてみましょう。ＳＮＳや検索サイトで「企業名　退職エントリ」と検索する方法もあります。

真偽が不明な意見や会社への恨みつらみを綴《つづ》った極端な意見もあるため、差し引いて見る必要はあります。それでも、「入社しなければよかった」という後悔を引き起こさないために、実際に働く社員の「飾られていない声」で身を守ってください。

さらっと「残業が月１００時間を超えていましたが、いい経験をさせてもらいました！」と美談風の書き込みもあります。過労死ラインは80時間と定められていますし、人によって限界は異なります。

ＳＮＳや退職エントリは、企業の検閲が入っていない個人の独白のため、隠れモンスター企業やモンスター部署を見抜く一つの指標になります。

summary

攻めと守りの企業発見・分析のどちらも行うこと
「労働基準関係法令違反に係る公表事案」を調べる
ＳＮＳや退職エントリを調べよう

2 02

人を「モノ扱いする企業」「大切にする企業」

❖人を大切にする企業は、「採用選考の流れ」でわかる！

入社前は温かい会社だと思ったけれど、実際は全然違った。

入社したら、急に扱いが雑になり冷たくなった――。

「釣った魚に餌は与えない」と言わんばかりのひどい変わりようで、入社前と後でのギャップに戸惑う人がいます。

こうした問題が起こる理由の一つに、企業の採用担当者が採用人数の達成だけを目標にしていることが挙げられます。

「こんな企業だと知っていれば、入社しなかった」とは言うものの、企業側と転職者との間にある情報格差は埋めがたいものです。「結局は働いてみなければ、企業の本性や相性はわからない」と達観する相談者さんもいます。

それでも、あきらめるわけにはいきません。

人を「モノ扱いする企業」か「大切にする企業」かが事前にわかる指標があります。

それは、あなたがこれから受けようとする企業の「選考の流れ」です。

「書類選考→面接→内定通知→入社」とだけ書かれていたら要注意です。「モノ扱いする企業」の危険性があります。「ほとんどこの流れでは？」と感じたかもしれません。「すぐに結果が出そうでいい」と感じることもあるでしょう。

しかし、これだけであなたの何がわかると言うのでしょうか。

数年、十数年の付き合いになるあなたと企業の相性が、たったの書類数枚と面接の数十分で確かめられるとは思えません。

❖五感を使って「企業の空気感」を察知

「カジュアル面談→書類選考→面接→課題プレゼン→内定通知→オファー面談→入社」と書かれている企業はありませんか？

「カジュアル面談」は、選考と違って合否を出さず、ざっくばらんに人事や現場社員とコミュニケーションを取る面談です。時々、意味を履き違えてカジュアル面談で「志望動機は？」と聞く採用担当者もいるので残念ですが、基本的には企業から求職者に事業などの説明をし、質疑応答をしてくれる場です。

なお「課題プレゼン」では、企業が実際の業務に近いテーマを選出し、求職者がプレゼン資料を作り、それをもとにディスカッション中心に選考を行います。

「オファー面談」は、内定通知後に送付される給与や待遇が書かれた条件通知書について説明したり、不明点を明らかにする場です。

選考の流れが短い企業と違って、「選考が長くて嫌だな」と思う方もいるかもしれません。なぜ、転職者にとっても企業にとっても、負担が大きい選考を設定するのでしょう？

企業が、「公私含め、あなたのことをよく知っておきたい。そして、私たちのことも知ってほしい」と考えているからです。

「人を大切にする企業」の長い選考を体験した相談者さんの声をご紹介します。

実際に面倒でした。でも、私にとってはプレゼンの資料作りとディスカッションによって志望度がぐっと上がりました。人事が現場の人とつないでくれたのもよかったですね。「入社したらこんな空気感で仕事をするのか」と想像もできました。

面接の回数が多いのは面倒なものですが、その分企業の空気感を肌で感じるチャンスが増えたとも考えられます。転職活動は、動物的な直感が大切です。五感をフルに使って、企業との相性や違和感を察知してください。**最近はオンラインで完結する面談も増えましたが、私は相談者さんになるべく職場に出向くよう勧めています。**

急がば回れ。危なくて短い道より、安全で長い道を通ったほうが、着実に物事を進められ、結果としてうまくいきます。選考の流れは、企業の姿勢を浮き彫りにします。

summary

「書類選考↓面接↓内定通知↓入社」の企業はなるべく避ける
「オファー面談」や「課題プレゼン」がある企業は「人を大切にする」
転職は、五感をフルに使って企業との相性や違和感を察知する

2 03

ミスマッチをゼロにする「究極の企業分析」

❖「お試しで転職する」選択肢が増えている

先ほど、「結局は働いてみなければ、企業の本性や相性はわからない」という相談者さんの言葉をご紹介しました。これは、ある意味で的を射た意見です。「究極の企業分析は、現場に出て働くこと」と言えるでしょう。

「働いてからでは遅いのですが……」という声が聞こえてきそうですが、本当にそうでしょうか？　なにも、正社員としてガッツリ8時間フルで働けと言っているわけではありません。つまり、「ちょっと働いてみる」ことをお勧めしています。

答えを言ってしまえば、転職希望の企業で「副業（複業）してみる」ということです。

お試し期間を作る、見方を変えれば「潜入取材」と言えるでしょう。「ちょっと働いてみる」は、時代が味方をしてくれています。「地方副業」や社会人インターンも増えました。無償で自分の専門性やスキルを提供するプロボノという働き方もあります。リモートワークで空いた時間を使ったり、趣味の時間を少し抑えたりして取り組む人も増えました。

転職は、日本からブラジルに移住するような一大決心を迫られます。実際にあなたも、「人間関係がリセットされて一から作り直す苦労」や「仕事の進め方が180度変わる苦労」を引き受けた経験があるかもしれません。

一方で、副業は隣の駅に引っ越すくらいのイメージです。平日の夜や休日を使って試すことができます。何年もここで働くわけではないため、気楽に人間関係の基盤を作ることができます。仕事の進め方が合わなくても、終わりが見えているので「ここまでは頑張ろう」という意欲が湧いてきます。

実際に、Webマーケティングを仕事にしている相談者さんは4カ月の副業期間を経て、副業先に正社員として転職しました。

焦らないですぐに転職しなくて良かったと思います。実際に副業してみると「その会社と自分との相性や仕事のしやすさ」がわかりました。ミスマッチはありません。仲間にも「まだ社員じゃなかったんだ！」と驚かれましたし。会社の良いところも課題も体験していたので、「入社前に知りたかった」なんてがっかりもありません。

❖「顔パス転職」は最強の裏口入社

選考も、「ほぼ顔パスだった」とのことです。社長面接も「参画しているプロジェクト、何かサポートできることはありますか？」と会議のように進み、「入社手続きとオファー内容は、チャットで送っていいですか？」で終わりました。

こんな転職の仕方もあるのです。これぞ、最強の裏口入社でしょう。あなたにも顔パスでラクに転職する権利があるのです。

ところで、企業側も採用の意識を少しずつ変えています。

「エンジニアに職務経歴書なんて書かせる必要ある？　コード出してもらえればそれ

でいいよ。履歴書とかは入社したら手続き用に適当に書いてもらって」と話して書類選考を廃止した人事もいます。

美大出身でデザイナー経験が豊富な社長は、「デザイナーに書類なんて書かせている暇があるんだったら、ポートフォリオを出してもらって。作品を見れば、うちに合うかどうかなんて一瞬でわかるから」と指示し、選考の仕方をガラッと変えました。

選考の振る舞いよりも、実務能力や人柄の良さが求められています。

ともあれ、「実際に働いてみて、ゆっくりと吟味《ぎんみ》する企業分析もある」とだけ覚えておいていただければと思います。

必ずしも、企業が開示している情報だけで「えいや」と転職を決心する必要はありません。転職はあなたに有利なようにもっと自由に進めていいのです。

summary

転職希望の企業で、副業してみよう
副業先の正社員登用で、選考を「顔パス」することもある
実際に働くことで、実務能力や魅力が伝わる

2
04

ライフスタイルが合う社風の見抜き方

❖求人票の「危険な形容詞」

私のもとに来てくださった法務部在籍の相談者さんが、こんな話をしてくれました。

ウェットな人間関係の会社が苦痛です。社員同士、ＳＮＳでフォローし合ってコメントや「いいね」をつけるのが習慣なんです。法務担当的には、あんまりＳＮＳで発信して欲しくないくらいなのに。飲み会も毎月あります。夕方くらいになるとダラダラ雑談も始まります。休日にＬＩＮＥしてくる人がいるのも苦痛です。悪い人だとは思わないけど、もっと仕事に集中したいし、自分の生活を大事にしたいんです。

社風が合わない企業で働き続けるのは苦痛です。「社風は入社してみないとわからない」と言われますが、ミスマッチを事前に防ぐ方法があります。

それは求人票の言葉遣い、もっと言えば「形容詞」に注目することです。

たとえば、求人票では「アットホームな社風です」などといった表現をよく見かけます。これは、人によって捉え方がどうとでも変わる「主観」です。アットホームという言葉で連想する社風は、人によって異なります。情報が曖昧《あいまい》です。

前述の「社員がSNSでも交流している」をある人は「アットホームな社風」、ある人は「プライベートがない社風」と捉えるかもしれません。

企業側の主観的な表現を鵜呑《うの》みにせず、動詞や名詞、数字といった定量的な情報に注目しましょう。「●年目に、××の仕事を任せる」といった表現のほうが、入社後の働き方を具体的に想像でき、ミスマッチを防ぎやすいはずです。

❖企業の「年齢・性別比率」を調べよう

他にも、「社員の比率分析」によって自分に合う社風を見抜く方法があります。

「社員の比率分析」とは、年齢、男女比、中途・新卒比率、職種比率から、「社風のミスマッチ」を防ぐ作業です。

たとえば、家族との時間を大事にしたい40代社員が、仕事を中心にしている20代が多い企業に入ると、定時帰りや家族の用事を優先することに罪悪感を覚えます。

また、自分は20代で仕事を中心にした生活をしたいのに、子育てや介護中心の年代の社員が多いとしたら「サポート」という名目で、他の社員の仕事が回ってくる可能性があります。どちらも実際にあった相談内容です。

「年齢比率」がわかれば、偏っている年代に快適な働き方やルールが定着し、他の年代が「居心地の悪さ」を感じる傾向があることがわかります。

そう考えると年齢・性別比率を逆手《さかて》に取って、**「自分の年齢やライフスタイルに近い社員が多い企業」を探せば、自分に有利な福利厚生や制度が多い職場を選べます。**

「自分がえこひいきされる職場が見つかる」ということです。

「年齢・性別比率」を知る一番簡単な方法はインターネット検索です。企業の採用情報や求人票に書いてある場合もあります。

インターネットに掲載されていなければ、転職エージェントに質問すると、年齢だけでなくライフスタイルも確認できます。

どちらも情報が不足している場合は、内定を得た後に「どんな年齢でどんなライフスタイルの社員が多いですか？」と人事や現場社員に聞きましょう。

あなたの生活を応援している企業と出合いましょう。生活も話も合わない企業にあなたの貴重な時間を使う必要はありません。

社風の一致とは、ライフスタイルや生活リズムが合うということです。「社員の比率分析」であなたが理想とする生き方ができる企業に行きましょう。

summary

求人票は、「アットホーム」「フラット」といった「形容詞」に注意

求人票は、動詞や名詞、数字といった定量的な情報に注目

自分と年齢・性別比率の近い企業の求人票を調べよう

2
05

応募前に年収を予想する「給料分析」

❖385 1社の平均年間給与は、無料で調べられる

日本企業への転職活動は、中途採用であっても新卒採用のように「お金のことは何となく聞きにくい」空気が漂っています。**SNSでは人事担当者が「給料で会社を選ぶ人は採用したくない」と投稿して賛否両論を呼ぶことがあるくらい、採用側もお金についてあまりオープンに語りたがりません。**求人票を見ても「350～800万円」など、幅があり過ぎてよくわからないという声もいただきます。

「だいたい、どのくらいの年収になりそうか」は、入社前に、できれば応募前に知りたくはありませんか？　その方法をお伝えします。

仮に「好きなことであれば給料は低くてもいい」と考えている人であっても、厳し

くチェックしていきましょう。お金以外の報酬のために働く場合でも、給料が不当に低くていい理由にはなりません。

まず、上場企業であれば「有価証券報告書」が企業の財務情報のページで公開されています。ただし、一社ずつ調べるのは現実的ではないかもしれません。日本取引所グループ（JPX）によると、2022年12月1日時点で、「上場企業は3851社」もあるのですから。※8

そこで、金融庁が運営する有価証券報告書等の開示書類を閲覧するサイトである「EDINET（Electronic Disclosure for Investors' NETwork）」を使ってください。

名前の通り投資家用のサイトですが、転職活動でも使えます。「提出者／発行者／ファンド／証券コード」に企業名を打ち込み、「書類種別」の「有価証券報告書／半期報告書／四半期報告書」にチェックを入れて「検索」を押します。

検索結果の「提出書類」から「有価証券報告書」をクリックすると、左ページに「表紙」が表示されます。その中の「第一部 第1」の「5 従業員の状況」をクリックします。「（2）提出会社の状況」に「平均年間給与（円）」が出ています。併せて「平均年齢（歳）」と「平均勤続年数（年）」が表示されるので、目安として使えます。

❖自分の給料に「見合わない企業」を炙り出そう

とはいえ、日本企業の99％近くは未上場企業であり、ほとんど情報を公表していません。国税庁が２０２２年5月27日に公表した「令和２年度分会社標本調査結果」を見ると、株式会社だけで２５８万３４７２社あります。株式会社は組織別法人の構成比の92・１％を占めています。[※9]

そうした中で、『就職四季報　優良・中堅企業版』（東洋経済新報社）の「平均年収」を使って調べる方法もあります。「地方有力企業など、総合版に載せきれなかった４６００社を掲載」という宣伝文句で展開しています。[※10]

また、応用として「OpenMoney」というＷｅｂサービスを使ってみることもできます。グレード（等級）と年収を見ることができ、「自分の年齢や役職でどれくらいの給料になるか」といった当たりをつけるには、いい手段です。[※11]

これらで大切なのは、ピンポイントでいくらもらえるのかを知ることではありません。**あなたの年齢や業界の給与水準などから、「明らかに自分に見合わない企業」を**

除外することです。「志望企業は、この業界の中で適正か」を図る指標になります。

たとえばA業界の35歳時点の平均年収が500万円の時、受けている企業が400万円だったら「100万円を下回ってでも入社する、金銭以外の報酬はあるのか」と立ち止まってください。

企業分析ではありませんが、最終的には、内定が出た時に通知される「雇用契約書」の説明を受ける際、聞くこともできます。「企業に直接聞きにくい」と思ったら、転職エージェント経由で企業に聞いてみることをお勧めします。

給料は、あなたの努力や工夫に対して会社が見る目を持っているかを図る重要な指標です。労働者として会社と契約することは、あなたの人生の中の貴重な時間を商品にすることと同用です。給料も企業を分析する対象に加えてください。

summary

上場企業なら、EDINETを使って給与を調べる
未上場なら、『就職四季報　優良・中堅企業版』「OpenMoney」などを使う
給料の詳細は、企業か転職エージェントに内定後に確認できる

2
06

99％が知らない「隠れた優良企業」の見つけ方

❖ライバルの少ない「グローバルニッチトップ企業」を探せ！

「モンスター企業に入りたくない」と話す相談者さんが、次のような本音を教えてくれました。

穏やかに働きたい。顧客を騙したくない。社員同士で足を引っ張り合いたくない。

悲しい現実ですが、会社の業績が良くないと、職場がギスギスする、嘘をついてでも利益をあげる、同僚を出し抜いてでも顧客を奪う――こんなことが起こりやすくなります。「もう、疲れた」「これ以上、自分を嫌いになりたくない」と切実な声をあげる転職相談者は多いのです。

当たり前のことを当たり前に大切にできる企業に転職したい。でも、どうすれば見つかるのか。

モンスター企業の避け方では厚労省を頼りましたが、今度は経産省の力を借りましょう。「隠れた優良企業」が見つかります。

経産省は平成26年、令和2年に「グローバルニッチトップ企業100選(GNT企業100選)」を公表しています。※12

「ニッチ」とは、参入している企業が少ない隙間産業という意味です。なかでも、グローバルニッチトップ企業は、このニッチ分野で「高い世界シェアを有し、優れた経営を行っている中堅・中小企業」を指します。

この企業100選には、「厳しい環境においてニッチ分野で勝ち抜いている企業」や「国際情勢の変化の中でサプライチェーン上の重要性を増している部素材等の事業を有する優良な企業」が載っています。株式投資の参考資料にしている人もいます。

❖モンスター企業になりようがない「仕組み」がある

グローバルニッチトップ企業には、たいてい次のような好循環があります。

自社にしか提供できない商品やサービスを持っている→他社は真似できないので商品やサービスの値段を上げられる→自分たちにしか生み出せない価値があるとわかっている社員は、自信を持って働く→その姿を見た会社は社員を信頼する→頑張る社員に報いるべく、経営陣は社員に還元する→努力を続ける社員の姿に、顧客の支持が集まる→さらに商品やサービスに磨きがかかり、唯一無二《ゆいいつむに》の地位が固まる。

つまり、余裕があるため、モンスター企業になりようがないのです。

実際に、グローバルニッチトップ100選の企業に、法人営業として転職した相談者さんは、働き始めて1年経って、こう教えてくれました。

顧客と対等な関係になれるなんて夢にも思いませんでした。お客様から相談してくるんです。これまで土下座する勢いでお客様にお願いする立場だったので、驚きました。弊社にしかできない仕事なので、やりがいがあります。

相談者さんは、スキルアップしたわけではありません。ただ、働く場所を見つけて変えただけ。たったこれだけで、ストレスがなくなるなら、すぐにでもグローバルニッチトップ企業を調べてみたいと思いませんか？

「採用はしていません」を真に受けるな！

ただし、グローバルニッチトップ企業は、よく調べなければ「何をしているかわからない」会社も多いでしょう。

隠れた優良中小企業は求人サイトで大手企業のように写真が多数、派手な言葉で掲載されていないことも多いので、見つけにくいという特徴もあります。

ご安心ください。転職サイトの多くには「キーワード検索」や「フリーワード検索」があります。サイトの窓に「ニッチトップ」「独自技術」「シェアＮＯ・１」「リーディングカンパニー」と打ち込んでください。
あなたにピッタリの企業が、宝探しのように楽しく見つかります。

転職サイトに掲載されていない企業も多々あります。もっと言えば、お問合わせや採用ページから直接応募する必要がある企業も割とあります。「ただいま、採用活動は行っておりません」とページに表示される企業すらあります。

だからこそ、いいのです。この時点で、大勢の転職者が脱落していきます。

「採用はしていません」という言葉を、真に受けないでください。HPにはそう記載しておきながら「いい人がいたら採用したい」と考えている企業は、案外多いのです(もちろん、本当に募集していない場合もあります)。

その調べるハードル、応募するハードルの高さが参入障壁となり、転職活動のライバルを減らしてくれます。

隠れ優良企業である「グローバルニッチトップ企業」の探し方を知ったあなたは、同じく転職活動を始めようとしている人よりも、一歩も二歩もリードしていることでしょう。

「隠れ優良企業リスト」の人事担当者は口をそろえて「うちは地味だからな」と言います。ほとんどが、採用に苦戦しているのです。

そうした中、人事に直接アプローチすれば、たとえ表立って採用活動をしていなかったとしてもたいていの人事は会ってくれます。人事も興味があるからです。「どうやってウチを見つけたの？」と質問してくることでしょう。

そこに志望意欲が高く、強みと経験があるあなたが現れたら、間違いなく一目置《いちもく》かれる人物として大歓迎されるでしょう。入社初日に「救世主が現れました」なんて紹介された相談者さんもいます。

みんながやらないことで、差をつける好例です。

summary

「グローバルニッチトップ企業100選（GNT企業100選）」を確認

転職サイトで「ニッチトップ」「シェアNO・1」などと検索する

採用活動を行っていない隠れ優良企業にも、コンタクトを取ってみる

2
07

長く働きたい人の「企業の成長サイクル分析」

❖企業には「三つの成長段階」がある

「転職は当たり前」と言われる時代になりました。しかし、良い職場で腰を据えて長く働きたいという本音も大切にされるべきでしょう。

こうした人が狙うべき職場はただ一つ。**会社全体が「仕組みを整えて成熟するフェーズ」であり、「売上が一番多い事業部」です。**

では、どうすればそうした職場を見つけることができるのでしょうか。

ポイントは、志望企業がどの成長段階にいるのかを把握することです。そうすることで、「腰を据えて働きたい」と考える転職者が、どの段階の企業を選択すればいいのかが、わかるようになります。

では、具体的に何をするのか。まずは、「企業の成長サイクル分析」です。

企業の成長サイクルは、中小企業庁の「中小企業白書　全体版(2017年版)」のP183(スライド番号195)で把握できます。企業を「創業期」「成長初期」「安定・拡大期」の3段階に分け、それぞれの段階における課題や施策を紹介しているのです。

始めに答えを言ってしまいます。**腰を据えて働きたい転職者にとって「創業期」「成長初期」にある企業への就職は適しません。**「中小企業白書　全体版(2017年版)」の説明を見れば、一目で理解できます。

1　創業期：本業の製品・商品・サービスによる売上がない段階
2　成長初期：売上が計上されているが、営業利益がまだ黒字化していない段階
3　安定・拡大期：売上が計上され、少なくとも一期は営業利益が黒字化した段階

創業期の課題は「資金調達」と「家族の理解・協力」。創業者として会社を経営したい、経営に参画したい方には向いていますが、余程の覚悟が必要です。

成長初期では、「資金調達」の課題に加え「質の高い人材の確保」「量的な労働力の確保」「販路開拓・マーケティング」「自社の宣伝・ＰＲ」といった課題が出てきます。

早く成果を出したい、自分の力を試したい人にとっては最適な環境ですが、安定しているとは言い難いでしょう。

腰を据えて働きたい転職者が狙うべきなのは、安定・拡大期のフェーズにある企業です。この段階にある企業の課題は、「質の高い人材の確保」の割合が最も高く、次いで「企業の成長に応じた組織体制の見直し」「量的な労働力の確保」が続きます。

こうした課題を抱える企業の人事や経営者は、「一定のやり方が社内で確立はできていて、成果も安定している。このやり方を学び、人に教えられる人材が欲しい」と考えています。

summary

「中小企業白書　全体版（2017年版）」を見てみよう

長く働きたい人は、「安定・成長期」の企業を志望する

2 08 子育てや介護を優先したい人の「認定分析」

❖子育て支援の「くるみんマーク」、介護支援の「トモニンマーク」

子育てや介護と両立したくて転職活動をする人はたくさんいらっしゃいます。相談者さんの中には、「仕事は家族を守る手段です」「面接では仕事が一番と言っていますが、本当は違います」と打ち明けてくださる方もいらっしゃいます。

私も子育てや介護がきっかけで、退職した経験を持つ一人です。

利益を追い求める会社の多くは、子育てや介護をサポートする余裕がありません。私自身、面と向かって「子育て中の人は採用しにくい」と言われたことがあります。こちらから願い下げですが、「それが会社の性質の一つ」と知る勉強になりました。

ですから、子育てや介護を両立させたい人は、応募の前段階から「両立を支援している会社」を選ぶことが必須となります。

「両立を応援している会社」を見分ける方法はシンプルです。「くるみん認定企業」を探しましょう。

「くるみんマーク」取得企業とは、「子育てサポート企業」として厚生労働大臣の認定を受けた企業です。「次世代育成支援対策推進法に基づき、一般事業主行動計画を策定した企業のうち、計画に定めた目標を達成し、一定の基準を満たした企業」を指します。厚生労働省は、くるみん認定(くるみんマーク)を受けている企業を、各都道府県ごとに2022年10月末時点で3987企業を公表しています。

さらにレベルアップした「プラチナくるみんマーク企業」も同じようにHPで無料公開されています。厚労省もページの中で「学生・求職者の方は、企業研究の指標の一つとしてもご活用ください」と呼びかけています。

くるみんマーク

出典：厚生労働省HP

なお、厚労省運営の「一般事業主行動計画」では、企業名を打ち込めば両立支援のための取り組み内容や計画を見ることができます。

厚労省は、仕事と介護の両立を目指す企業も応援しています。

「両立支援のひろば」では「企業が介護離職を未然に防止するため、仕事と介護を両立できる職場環境の整備促進に取り組むことを示すシンボルマーク」を「トモニン」マークとしています。

残念ながら、２０２２年10月末時点では取得企業の一覧が公表されていません。それでも、一つの目安としてあなたを助けてくれるでしょう。

トモニンマーク

出典：厚生労働省HP

ただし、こうした企業に転職を希望する際は、子育てや介護を志望理由として話さないでください。この制度を利用するために入社するのかと勘繰《かんぐ》られるからです。

すでに述べたように、「子育てや介護をしている人、大歓迎です！」と両手を広げられる企業は、そう多くはないのが実態です。

本音は胸の中にしまい、「この企業なら打ち明けてもいい」とあなたが認めた時にだけ話してください。もしくは内定後にお話することをお勧めします。

基本スタンスは、「制度を利用する側ではなく、私も子育てや介護を両立する会社を作る側でいたい」という、貢献する意識を見せることです。「制度に乗っかろう」という消費者の意識は、必ず見抜かれます。

ともあれ、国は子育てや介護を応援していますし、そうした企業が着実に増えていることも事実です。

「仕事に専念できなくてすいません」と後ろめたく思う必要はまったくないのです。

summary

子育て支援の「くるみんマーク」、介護支援の「トモニンマーク」を調べる
転職の際、充実した福利厚生に乗っかる意識を見せてはいけない

2
09

「性別が不利にならない職場」はどこにある?

❖女性が働きやすい職場は、男性も働きやすい

「どれだけ頑張っても女性というだけで、評価されない会社なんです」

キャリア相談の中では「一体いつの時代の会社なんでしょうか?」と怒りで声を震わせる相談者さんもいらっしゃいます。

こんな不利な環境で我慢する時間は、あなたには1分もありません。「正当に評価される環境で努力をする」ことが長期的に安心して働くためには必要です。

転職とは、「私を正当に評価できる環境に移動する一連の行動」です。

アメリカの企業コンサルタントだったマリリン・ローデン氏が「ガラスの天井」と

いう言葉を使ったのは1978年頃だと言われています。女性やマイノリティーという属性だけで昇進できない、評価されない「目には見えない障壁に阻《はば》まれている」状況があることを発信しました。

あれから40年以上経っていますが、状況はどうでしょうか？ 改善はされているものの、「女なんだから仕事よりも家事をしろ」「男は子育てなんかせずに黙って働け」と苦しめられている人がいます。無意識のうちに「私は女性だから」「私は男性だから」と追いつめらている人もいます。

性別が不利にならない職場は、実は誰にでも簡単に見極めることができます。それが「えるぼし認定」です。厚労省は「女性の活躍推進に関する状況などが優良な企業を認定する制度」として、えるぼし認定を推進しています。より高い水準の要件を満たした企業は「プラチナえるぼし認定」を受けることができます。

「女性の活躍推進」とあると、「男性の私には関係ない」と思うかもしれませんが、実際に、えるぼし認定企業に転職した男性の相談者さんはこう話してくれました。

女性が働きやすい環境の本当の意味は、「女性だけが働きやすい環境」ではないと気づきました。男性も働きやすいんです。企業の成長のための手段として使い捨てられる道具ではなく、自分だけの人生を持った人間として働ける会社だとわかりました。有休を取る時に理由を上司に伝える必要がなかったり、大事な私用で中抜けしてＯＫなど、人として尊重されていることがわかります。

えるぼし認定企業・プラチナえるぼし認定企業は、言い換えれば、性別や属性が不利にならないフェアな職場を目指している企業なのです。

なお、えるぼし認定には五つの評価項目とレベルがあり、どのレベルであっても、実績を「女性の活躍推進企業データベース」に毎年公表しなければなりません。「一度認定されたら終わり」ではないので、信ぴょう性があります。

❖女性が働きやすい職場は増えている

えるぼし認定を受けている企業を探すには、厚労省が公開している「女性活躍推進法への取組状況」ページのエクセルデータをご覧ください(令和4年11月末日現在)。このデータによると、えるぼし認定企業は１９９０社、プラチナえるぼし認定企業が

33社あります。

従業員数の多い大企業のイメージがあるかもしれませんが、従業員数３００名以下のえるぼし認定企業は８４２社です。従業員数３００名以下のプラチナえるぼし認定企業は15社あります。どちらも約40％です。さらに細かく検索条件を設定したい場合は、しょくばらぼの検索サイトをご覧ください。

十分とは言えないまでも、社会全体として女性の働きやすさを重視している企業は確かに増えていると言えるでしょう。

あなたが不当な我慢を強《し》いられてもいい理由は一つもありません。思いっきり仕事と生活に打ち込める職場が、あなたを待っています。

summary

- 性別で不利にならないために、「えるぼし認定企業」を探そう
- 厚労省の「女性活躍推進法への取組状況」ページを見てみよう

2
10

自分に向いた部署を見つける！4タイプ別「事業部分析」

❖自分に向いている部署へ人事を誘導しよう

同じ企業であっても事業部によって「本当に同じ会社？」と驚くほど社風が違うことがあります。設立して何十年も経っていて伝統的な会社であり、外から見ると「スピード感がなさそう」と思える企業の中でも、どんどん意思決定して挑戦的な社風の事業部もあります。

私たちは「企業に就職」するわけですが、実際に仕事をするのは部署なので、正しくは「事業部に就職」します。ですから、企業分析にはさらに精密な「事業部分析」が必要なのです。とくに、商品やサービスを多数展開している大手企業や、人事部ではなく現場に採用の権限がある企業を受ける時には、必須の分析です。

「そうは言っても、希望通りの部署に配属されるかどうかもわからないし、事業部分析はほどほどでいいのでは？」と、思う人もいるかもしれません。

実際に企業は、「あなたの適性を考えたらA事業部配属だけど、人手が足りていないB事業部に配属です」と判断することがあります。働く人の事情をイチイチ考慮などしていたらキリがないのです。

反対に、会社が「あなたが活躍できる事業部はここです」と見極めてくれる時もあります。人事が「人の能力を最大限に発揮できる適材適所」を重視してくれたり、上長が目利きだったりする。こんな時は、流れに身を任せてもOKです。

ただし、いずれにしてもこれでは働き方の主導権を握れません。

ラクに実力を発揮できる場所、つまり自分に向いている部署に少しでも誘導できないものでしょうか。そのために、**自分の言葉で「私の力が最大限発揮できるのは●●事業部です。なぜなら～」と伝えることが必要なのです。**

■事業分析マトリックス

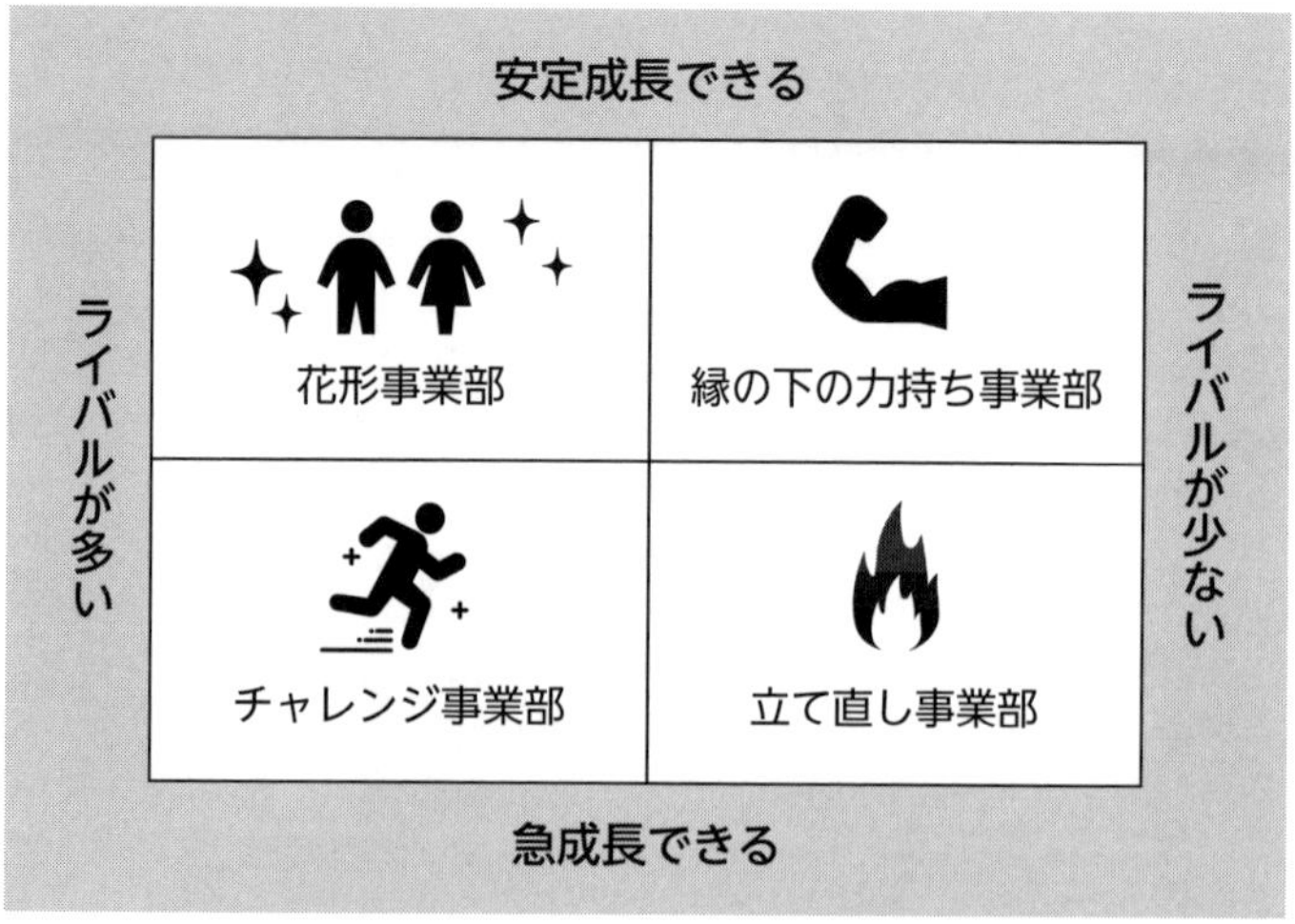

事業部分析の方法を知るメリットは、ここにあります。

これから、事業部を「志望倍率の高さ」と「成長スピード」という二軸を使って、「花形事業部」「縁の下の力持ち事業部」「チャレンジ事業部」「立て直し事業部」の4つに分けて分析していきます。

そうすることで、「私はどこの部署に向いているんだろう」「複数の事業部で近しい求人が出ている時、どこに応募したらいいんだろう」と迷うことなく応募できます。さらに、その部署に適している理由も説明できるようになります。

四つの事業部には、それぞれメリットとデメリットがあります。向いている人と向いていない人もハッキリしています。あなたにピッタリの職場を見つけるタイプ別の事業部分析のコツをお伝えしましょう。

summary

ラクに実力を発揮できる部署へ行けるよう、事業部分析をする

2
11

「花形事業部」に向いているのは「温故知新タイプ」

❖欲しいのはイノベーションより、アップデート

「花形事業部」とは、「●●社といえば、××商品や▲▲サービス」と連想される、会社のシンボル的な事業部のことです。いわば会社の顔であり、「私たちが会社を支えている」という誇りを胸に仕事をしています。

花形事業部は次の二つの特徴のうち、どちらかを備えています。

一つ目は、その会社が創業期に最初に始めた事業部であり、今も残っていること。創業者のプロフィールや経歴を話しているインタビュー、会社の沿革に必ずと言っていいほど登場します。

二つ目は、「第二創業期を作った歴史がある事業部」です。歴史ある企業の場合、業績が良い時も悪い時も、勢いがある時も停滞期も経験しています。

こうした時期を経て、「もう一度創業するつもりで人材やお金を集中させ、特定の事業部を成長させよう」として成功した部署です。

たいてい、その企業の「中興の祖」と呼ばれる経営者が育てた事業部として存在していますので、これもまた会社の沿革や歴史を見るとわかります。

では、会社のシンボルでもある「花形事業部」にはどんな人が向いているのでしょうか。それは、一言で言うと「温故知新《おんこちしん》タイプ」です。

伝統を破壊してゼロから作り上げる「イノベーション人材」ではなく、これまでの伝統を維持して時代に合わせて価値を上げる「アップデート人材」です。

「花形事業部」には、顧客や取引先だけではなく株主にもファンが多いケースがあります。ですから、そう簡単には事業の体質を変えることはできません。

こうした環境に適しているのは、「新しい要素は少しずつ取り入れるけど、伝統に重きを置けるバランス感覚のすぐれた人」です。大手企業や堅実な経営を心がける企業に転職したいあなたには、花形事業部がピッタリでしょう。

必然的に、個人のスタンドプレーよりも、事業部を横断するチームプレーなどが求められます。あなたのチームワークの良さを生かすチャンスです。

❖花形事業部のメリット・デメリット

花形事業部に入社するメリットは、ゆっくりと確実に成長できることです。事業部の成長が緩やかであるため、あなたの成長も急《せ》かされません。

一方で、デメリットもあります。それは、成長が加速しないことです。「早く成長して、自分の名前で勝負したい」と考える人にとっては向いていません。それを端的に伝える言葉があります。

リクルートで1000件以上の新規事業の起案に携わり、現在は社内起業のサポートに特化したコンサルタントとして活躍する石川明氏が、著書の中で「名経営者の言葉」として次のように紹介しています。※14

「花形商品の営業担当をやったら、誰だって売れますよ。それで勘違いして、鼻を高くしているような社員はダメですね。それよりも、たとえ〝失敗〟したとしても、難しい仕事を〝やり抜いた〟人間は強い。そういう人間は信じられる。いつか必ず成功する。だから、もっと大きな仕事を任せたいと思うんですよ」

もちろん、この考え方が正解というわけではありません。石川氏も「なかには、表面的な『成功』しか見えないような経営者もいるのが現実」と、清濁併《せいだくあわ》せ飲んだ視点を提供しています。

❖歓迎される志望動機「三つのポイント」

では、どうすれば花形事業部に配属されるように、人事を誘導できるのでしょうか。志望動機の形にすると、次のような構文ができ上がります。

「●●事業部のコンセプトやビジョンである、××に感銘を受けています。一方、時代が変わり、その理念が伝わり切らない歯がゆさを感じます。そこで、正しく理念を伝えるべく、私の▲▲の経験や強みを生かして●●事業部に貢献したいと思います」

ポイントは、「御社は今のままで100点です(共感)。でも、120点にできる可能性を感じています(アップデート)。だから私の経験を使ってください(貢献)」と伝える「共感・アップデート・貢献の三つのかけ算」です。

企業は「理念を正しく理解し、時代に合わせて体現してくれる人物が現れた!」と大歓迎するでしょう。

「正直、今は60点です。残りの40点の理由は●●です。私が変えます」という減点式の表現が受け入れられることはまずありません(花形事業部でなくとも、お勧めできない伝え方ではありますが……)。

花形事業部の人たちは、自分の部署にプライドを持っています。同時に、「このままだとダメだ」という危機感も持ち合わせていて、現状を理解しています。

初対面の人から仮に正しい指摘をされても「部外者が好き勝手なことを言わないでくれ」と反発してしまいます。
あなたの鋭い分析能力や提案力は、加点式でこそ伝わるのです。

summary

花形部署で求められる能力は「アップデート」
共感×アップデート×貢献の三つで志望動機を作る

2
12

「縁の下の力持ち部署」に向いているのは「基礎に忠実な人」

❖他の部署の挑戦を支える立役者

「個の時代を生き抜け」「食いっぱぐれるな」「会社に依存するな」。まるで、仕事をサバイバルとみなすような働き方があります。

一方で、「チームの時代」「仕事最優先の生き方はしない」といった働き方もあります。そんな働き方を目指す人は「縁の下の力持ち部署」でこそ、ストレスなく力を発揮できるでしょう。

縁の下の力持ち部署は、「この事業部が安定して収益をあげているから、他の部署が挑戦できる」といった特徴を持っています。大きく売上げを伸ばしているわけではありませんが、大きなマイナスもありません。売上げの波がないことを是とする部署です。

言い換えれば、「成熟した花形部署」。「花形部署」はアップデートを目指しますが、「縁の下の力持ち部署」は現状維持が最優先です。

一見すると消極的に見えるかもしれませんが、「この事業部があるから、この会社は大丈夫」と思えることが、どれだけの安心感を与えていることか。

数年の間に疫病や戦争、経済環境の変化が同時に起きる現在、これは、本当にスゴいことです。「売上げに波がない」ことは、経営陣と従業員の努力の掛け合わせでできる芸術とさえ言えます。

縁の下の力持ち部署は、「売上比率」を見ればわかります。複数の事業部がある企業で、特定の事業部の売上比率が一番高ければ、その部署は「縁の下の力持ち」である可能性が高いでしょう。

事業部の売上比率は、採用ＨＰや転職サイトの求人に書いてあることもあります。上場企業であれば、ＩＲ情報の「株主説明会資料」ですぐにわかります。

転職エージェントに質問してもわかります。特に質問の背景を伝えずに「志望企業の売上比率を教えてください」と聞くだけです。転職エージェントの経験が浅い場合は、やや手間ですが「自分が貢献できる環境を知るために教えてください」と伝えてください。転職エージェントが調べる理由を作りましょう。

❖縁の下の力持ち部署のメリット・デメリット

さて、「縁の下の力持ち部署」に転職する最大のメリットは、社内に蓄積されたノウハウを効率的に吸収できることです。

仕事はある程度仕組み化されていて、決められた手順で動きます。よって、入社後のオンボーディング※や研修が充実していると期待できます。

新卒や第二新卒の社員が多く、上下関係がはっきりしていることも特徴です。

あなたは基礎と応用のどちらを重んじますか？「基礎に忠実でありたい」と考えるタイプであれば、この事業部は向いている可能性が高いでしょう。

※新しく会社・組織に加わった人材にいち早く職場に慣れてもらうための研修やＯＪＴ、ランチ会などの取り組み

ただし、デメリットとして、成長意欲の高い人にとっては、物足りなさを感じるかもしれません。より挑戦できる部署や企業へ移る人には、縁の下の力持ち部署を、「挑戦を避ける大企業病が色濃く出た部署」と分析する人もいます。

まとめると、「縁の下の力持ち部署」は、安心できる基盤のうえで成長したい人に向いていると言えるでしょう。

花形部署ほど派手さがないので、ライバルが気づきにくいという特徴もあります。あなたにしか見抜けないかもしれません。

❖志望動機は、「中長期で貢献する意識」で

縁の下の力持ち事業部に転職するコツは、花形事業部への転職ポイントである「共感×アップデート×貢献」をベースに、中長期で成長する視点を加えることです。

縁の下の力持ち事業部も利益を追求する株式会社の中にある以上、成長は目指します。とはいえ、花形事業部ほどのスピードで成長する必要はありません。「去年と同じくらいの売上」であることに価値があるのですから、成長を急いで損失を出しては

元も子もないのです。

中長期の目安は採用ＨＰや転職サイトに掲載されているモデル社員が「何年目で大きな仕事をしているのか」で見当をつけます。

以上をまとめると、次のような構文ができ上がります。

「●●事業部のコンセプトやビジョンである、××に感銘を受けています。いち早く●●事業部を支える一員となり、●年後には▲▲をアップデートしていきたいと考えています。そのためには、私の■■の経験や強みを生かして●●事業部に貢献したいと思います」

ポイントは、縁の下の力持ち事業部の「中の人」の一員になりたいと伝えることです。縁の下の力持ち事業部の人は良くも悪くも保守的なので、「仲間になりたい」と伝えることで、あなたと企業の相性の良さを伝えることになります。

「縁の下の力持ち事業部」に転職を希望している人の中には、「もっとリスクを取らないと生き残れないでしょうか？」と不安になる人もいます。安心してください。デメリットを考える慎重さがあるなら、大丈夫です。

リスクを取ってチャレンジする人をサポートする力が身につきます。縁の下の力持ち事業部は、他事業部よりも余裕があるので、「ヘルプをお願いします」とリクエストされることが多いからです。

「他事業部と兼務している人」が多いのも、この事業部の特徴です。他の事業部よりも安心しながら働けるので、社会人大学院に通ったり資格を取ったりする人もいます。

summary

「縁の下の力持ち部署」に求められる能力は、「基礎に忠実」であること
「仲間になりたい」と伝えて、相性の良さを示そう

2 13 「チャレンジ事業部」は「向上心の強いリスクテイカー」向き

❖チャレンジ事業部を炙り出す「ある質問」

積極的に人もお金も投資していく刺激的な事業部が、「チャレンジ事業部」です。花形事業部や縁の下の力持ち事業部で稼いだ利益を、チャレンジ事業部に投資してさらに成長します。自分の行動が結果や施策に反映されやすく、「これは私が携わった仕事だ」とやりがいを肌で感じたい人がいきいきと働ける環境です。

こうしたチャレンジ事業部はどうやって見つけるのでしょうか？

上場企業であれば、「株主説明会資料」の「中長期計画」と「事業部ごとの計画」に該当する部分がヒントになります。

中長期計画には会社によってハッキリと、「●●事業部を今後の中核事業に育てる」

と書かれています。

一方で、事業部ごとの計画には「どの職種をどれくらい採用予定か」「●年で売上を●倍にする」などといった今後の方針が書かれています。

成長の幅の大きさと、そのための施策にお金と時間がかかっている比率が高い部署は、チャレンジ事業部だと判断できるのです。

しかし、上場企業でなければ、ここまで情報は開示されていません。

そこで、転職エージェントや企業へ直接質問します。聞き方はシンプルです。

「複数事業部がありますが、特に成長させたい事業部はどれでしょうか？」

もしここで、転職エージェントや企業が「どれもバランスよく成長させています」と答えたら、次のように質問してみてください。

「役員がミーティングに入ったり、力を入れている部署はどれですか？」

「社長が発案して始まった事業部はどれですか？」

「●●事業部では、専任の人と兼務の方の比率はどれくらいですか？」

経営陣、事業、現場といった三つの視点からチャレンジ事業部を炙り出せます。

❖「新」のつく求人に注目しよう

では、どういった人がチャレンジ事業部に向いているのか。ひと言で表すなら、「向上心の強いリスクテイカー」でしょう。

企業分析には「攻め」と「守り」があるとお伝えしたのを覚えているでしょうか？　攻めとはいわゆる「市場価値」が上がる、つまり「その経験を弊社でも生かしてくれませんか？」と転職市場でオファーがかかりやすい人物になるということです。

私はこうした志向の人には、『新』がつく求人を出している企業に絞って応募しましょうとアドバイスしています。「新」とは、「新規事業」「新スタッフ」「新メンバー」「新店舗」などです。厳密には「海外進出」や「●●エリア進出」も入ります。部署の「立ち上げ」や「創設」も候補です。

この「新」をキーワードとした求人は、リスクがつきものです。ダメで元々。だからこそ、うまくいった時のあなたの貢献は大きく評価されます。

チャレンジ事業部を志望する人は、志望動機を聞かれたら、こう答えてください。

「この事業がうまくいけば、社会が変わるほどのインパクトがあると思います（可能性への共感）。一方で、立ち上げから参画されている方は楽観視していないはずです（現実への理解）。私も、ないものは作り、見つけた課題は自分から手を挙げて解決します。まずは私の●●の経験で貢献できるよう、挑戦します（貢献）」

相反するように見える、「可能性への共感」と「現実への理解」の両方を示してください。二つの立場を示すことで、あなたの本気が伝わります。

そしてここでも「貢献」が必須です。チャレンジ事業部には人を育てたり面倒を見たりする余裕はあまりありません。あなたの経験や専門性を今すぐ欲しがっています。貢献を示すことで、あなたの「私はあなたたちと一緒にやり抜く」という意思を伝えてください。

summary

チャレンジ事業部に求められるのは、向上心
「可能性への共感」×「現実への理解」×「貢献」で志望動機を作る

2
14

「立て直し事業部」に向いているのは、経営者タイプ

❖急成長を遂げる「究極の一発逆転」

困難をひっくり返すことにやりがいを感じる、自分の力がどれほどのものか試したい——そんな究極のチャレンジャー気質の人にだけお勧めの事業部があります。それが「立て直し事業部」です。

赤字続き、顧客のクレームがおさまらないなど、いわゆる「炎上状態の部署」です。一般的な感覚の人ならば、わざわざ火中の栗を拾いに行く真似などしませんが、この事業に参画して窮地を救ったらまさに救世主。

その経験は今後のあなたの「代表的な仕事」として職務経歴書の中で輝き、引く手あまたの人材へと成長を遂げるでしょう。

赤字や炎上をわかったうえで入社する人にとって、立て直し事業部に入るデメリットはあまりありません。デメリットさえも「自分の力を認めさせるチャンス」と変換できる強いメンタルの人しか応募しないからです。

こうした求人を好む職種は、企業再生を専門とするコンサルタント、顧客とトラブルが起きているプロジェクトを解決したい上流工程のエンジニアやITコンサルタント、不祥事で傷ついた会社の評判を回復させる危機管理に強みを持った広報担当、経営陣の不正が発覚して一掃された会社を立て直す経営管理や人事などです。

唯一の欠点は、立て直し事業部の求人が見つかりにくいことでしょう。企業も「助けてください」とは言いづらいですから。

また、転職エージェントから自発的に勧められることは稀《まれ》です。ほとんどの人には「こんな危険な会社を紹介するなんて！」とクレーム沙汰《ざた》になるからです。

それでも、採用HPから直接応募するという手があります。

転職エージェントやヘッドハンターが持つ「非公開求人」も頼りになります。転職エージェントに、あなたのチャレンジャー気質や経営マインドを伝え、「立て直しが必要で燃えている会社があったら教えてください」と伝えてください。求人が入ったらすぐに連絡が来ます。応募も少ないので、あなたに白羽の矢が立つでしょう。

❖時には、誰かの力を借りることも忘れないで

企業の危機を救った話は、業界内に一気に広まります。ちょっとした有名人になるようなものです。

立て直しを主導した広報の相談者さんは、「キャリアのモテ期が来ました」と話していました。SNSを経由して有名な企業の社長から誘いが来る、勉強会の講師を頼まれる、ヘッドハンターから電話が来る――。

修羅場の立て直しを経験すると、その後の苦労も「あの時よりはマシ」と落ち着いたまま仕事を進められるようになります。

赤字企業を再生させた経営コンサルタントの相談者さんは「クライアント先の社長から〝目の色が変わりましたね〟なんて言われるようになりました」と笑います。「役員ポジションでオファーをくれる取引先が現れました」と驚いていました。

ただ、くれぐれも体調を崩したりはしないように注意してください。「立て直し事業部」に挑戦する気概を持つ人はもともと経営者気質だったり、独立精神が旺盛な人です。だからこそ一人でなんとかしようとしがちですが、覚えておいてください。守りの意識も持っていてほしいのです。

赤字や炎上は、「仲間の力を集めて解決する」が最善です。孤立せずにうまく仲間と乗り越えるために、お守りのような言葉をお送りします。この言葉は「自立するために周りに助けを求める大切さ」を教えてくれます。教育心理学を専攻する中央大学教授の都築学氏の言葉です。※15

自立とは自分で立つことだが、自分ひとりで立つことではない。誰かに支えられ、助けられながら立つ。これが、自立というものの本質なのだ。その意味で、自立と依存は矛盾しない。自立と依存は、同時に存在し、相互作用し合っているものなのだ。

summary

立て直し事業部は、独立心旺盛な経営者気質に向いている

立て直し案件は、非公開求人を通じて見つけよう

時には、誰かに頼る意識を持とう

第3章

すごい実績はいらない！「応募書類」の書き方

3
01

すごい実績以上に大切なのは「再現性」

❖企業と転職者の気持ちは、なぜすれ違うのか？

履歴書や職務経歴書が書けなくて転職活動をあきらめた。転職市場では、そう珍しい話ではありません。それほど、ストレスを感じるのが応募書類の作成なのです。

なぜ、ここまで応募書類の作成に苦労するのでしょうか？

原因は、「何とかしてすごい実績を捻《ひね》り出さねば」と考えていることにあります。

驚かれるかもしれませんが、実は転職に「すごい実績」は必要ありません。大切なのは「再現性」です。

シンプルに言ってしまえば、転職活動は「御社でも再現できる仕事・経験はこれです」と伝えるゲームです。そして、証拠として履歴書や職務経歴書を提示し、面接で

説明してみせます。

ですが、求職者はすごい実績が必要だと思い込まされています。「優秀さを競い合うゲーム」だと思わされているのです。

いったいなぜ、このような認識のズレが生じるのか。その謎を解く手がかりが、求職者と採用者の「二つの目線」の中に隠されています。次の表をご覧ください。

この表を見て、「なんだか企業ってまったく転職したい人の気持ちをわかっていない」と思いませんでしたか？　その通りです。

両者は、根本的に求めているものが違います。企業は転職者に利益を、転職者は企業に働きやすい環境や待遇を求めているのです。

この違いを知ることが、再現性をめぐる転職ゲームに勝っている人が最初にやっていることです。

違いを認めることができれば、求職者のあなたは企業が求めている答えを提示すると、実は内定がラクに取れることに気づくでしょう。

もちろん、どちらが欠けても不十分です。採用目線だけでは、「自分軸がない」ことになりますし、求職者目線だけでは「ただの一人よがり」です。

■ 求職者目線と採用目線の違い

求職者目線	
転職の目的	前職で溜まった不満を払拭する
書類選考で求めること	使い回しの履歴書、職務経歴書で通過する柔軟性
人事面接で知りたいこと	給与や残業時間、福利厚生などの実態
現場面接で知りたいこと	実際の人間関係や仕事の詳細
最終(役員)面接で知りたいこと	社員に思いやりがあるか
求める仕事観	仕事も生活も幸せに生きる
選考で伝えたいこと	価値観、強み、夢、生活と仕事のバランス
本音	複数内定を取って並べてから決めたい

採用目線	
採用の目的	会社に利益をもたらす社員を増やす
書類選考で求めること	志望度の高さ、募集ポジションに近い経験
人事面接で知りたいこと	志望度の高さ、社員との相性、募集ポジションに近い経験
現場面接で知りたいこと	指示通り動く柔軟性、社員との相性、募集ポジションに近い経験
最終(役員)面接で知りたいこと	志望度の高さ
求める仕事観	生活よりも仕事優先で生きる
選考で伝えたいこと	会社の理念、事業の成長性、仕事のおもしろさ、社員の魅力
本音	応募の段階からずっと第一志望でいて欲しい

転職は、求職者目線と採用目線がかけ合わさって、最高の結果を手繰り寄せます。

❖「転職強者」は、なぜ内定ゼロだったのか？

ですが、ビジネスの世界では「すごい実績信仰」が根強く残っています。

経営コンサルタントの相談者さんも、その一人でした。

その方は学歴よし、職歴よし、コミュニケーション力あり、すごい実績ありの「転職市場の圧倒的強者」でした。しかし、書類選考で落ち続けました。面接になると最終面接どころか、一次面接で落とされます。

原因は「食い違い」でした。求職者目線で考えるすごい実績が、「うちの会社で生かせない」と思われて、見送りになっていたのです。

書類選考、人事面接、現場面接で共通して、企業がすごい実績以上に知りたいのは、再現性。**つまり「募集ポジションに近い経験」です。言い換えると「あなたのこれまでの経験で、入社後も発揮できる能力は何ですか？」という問いに対する答えです。**

企業はこれまでに、「あんなに期待して採用したのに、期待通りの成果を出してくれない」

という苦い経験をしています。そうした経験を通じて**「環境が変わっても、同じ結果を出せるとは限らない」と知っています。**

仮に誰もが知るような名経営者でも、環境が変われば評判通りの活躍どころか、半分の成果も出せなくなるかもしれません。

人は個の力だけでなく同僚や取り引き先といった環境との相性によって、出せる成果が0にも100にもなり得るのです。

❖自分の実力を正しく把握する4象限

あなたの実績をマトリックスで4象限に整理すると、「採用目線で欲しいと思える人材像」が見えてきます。縦軸は「再現性」、横軸は「功労者（誰のおかげか）」です。

これによって、「どの実績を書類に書けば再現性が伝わるのか」がわかります。

先ほどご紹介した経営コンサルタントの相談者さんが応募書類に書き、面接でアピ

■ 実績を表わすマトリックス

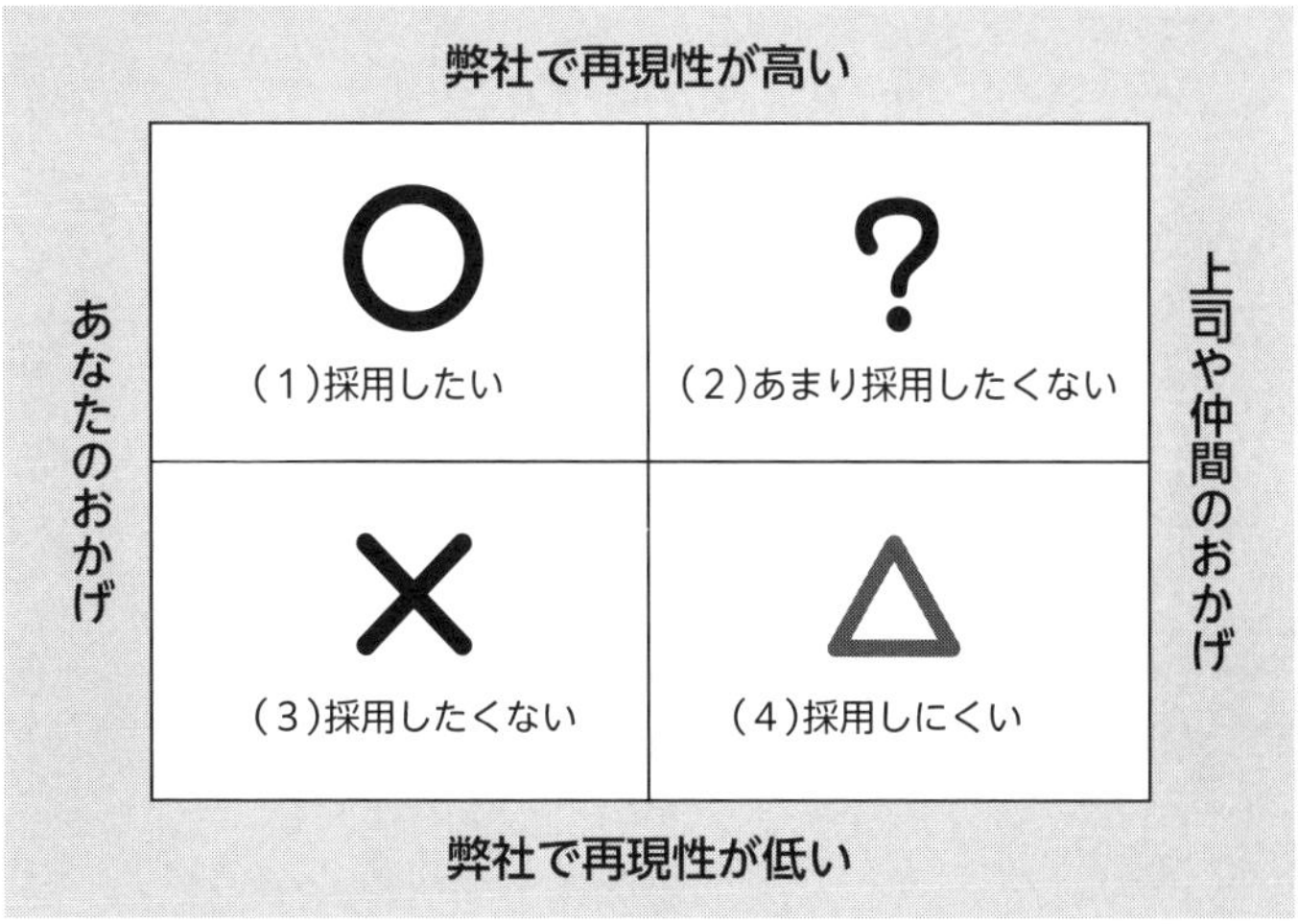

ールしていた実績は、採用目線からすると右上の(2)でした。

相談者さんは「コンサルタントでありながら案件を回すだけでなく、仕事を自ら取ってくる営業力もある」ことを強みにし、実際に大手企業のプロジェクトを受注した実績を持っていました。しかし、落選続き。相談者さんは知り合い伝手《つて》で進んだ選考に落ちた時、ショッキングな事実を知ることになりました。

「オーバースペックで落選」と伝えられたんです。そのまま受け取れば「優秀すぎて弊社ではあなたに見合う仕事は用意できない」ですが、これは傷つかないように配慮した言葉です。本音は「あなたの能力よりも会社の看板で仕事をとっているだけ」です。

相談者さんは「お恥ずかしながら、会社の看板を自分の力と勘違いしていました」と振り返っていました。そこから(1)の再現性が高く、自分の能力と周りのサポートの違いを分けた実績に切り替えた相談者さんは、内定を複数取りました。

●会社の看板が外れても発揮できる力は何か

●同僚や上司のサポートと、自分の努力の線引きはどこにあるか

を考え始めたのです。つまり、企業が最も知りたい「再現性」を見つける問いかけに変えたのです。

考えを改めた相談者さんが新たに使うようになった実績は、「大手企業の経営陣が一発で納得する資料作成能力」でした。

相談者さん曰《いわ》く、「経営コンサルタントの一番のアウトプットは資料作成です。大手企業の経営陣が意思決定に必要な情報を整理するのはなかなかできないことなので、他の会社でも発揮できます」とのことです。

では、具体的に応募書類にどう落とし込めば「私の経験はあなたの会社で再現性が高く発揮できる」と伝わるのでしょうか？

答えは求人票の中の「応募要件」と「具体的な仕事内容」に書かれています。3―4で説明します。

ここでは「自分が思うすごい実績を主張することの危険性」と、打ち出すのは「応募先企業で再現性の高い経験」ということを覚えておいてください。

転職活動は優秀さではなく、再現性を競うゲームなのです。

summary

求職者目線と採用目線で、お互いに求めているものの違いを知る

違いを知ったうえで、採用目線に合わせる意識を持つ

すごい実績よりも、再現性を重視しよう

どの経験を伝えるべきか、４象限で整理する

3 02 スラスラ書ける「志望動機の方程式」（準備編）

❖志望動機の答えは、決まっている

あらゆる年代、職種の人から「志望動機が書けません」という相談をいただきます。真面目な人ほど書けないと悩みがちですが、志望動機作成の方程式を知れば、今まで悩んでいた時間を10分の1ほどに圧縮することができます。

志望動機は自由解答のように見えて、ほとんど答えは決まっているのです。

志望動機の書き方には、四つのステップが存在します。

まずは「採用目線から見た志望動機の定義を知る」。二つ目は、「志望動機（建前）と転職したい気持ち（本音）を分ける」。三つ目は、「未来にフィットさせる」。そして四つ目は、「貢献行動を示す」ことです。

ステップは、前半二つと後半二つの「準備編」と「作成編」に分けて説明します。

まずは、「採用目線から見た志望動機の定義を知る」ことです。定義がハッキリすれば、「何を書けばいいのかわからない」という悩みがなくなります。

志望動機とは何か。それは、「あなたは弊社に利益をもたらすためにどう行動しますか？」という問いに対する宣言文です。具体的に言えば、「御社に利益をもたらしたいから志望しました。利益をもたらすために、●●をします」と答えることです。

会社は応募した動機、つまり志望理由を聞いてはいますが、転職者の個人的な事情を知りたいわけではありません。会社は、利益をもたらす社員を増やすべく採用活動をしているからです。これは志望動機という名前が誤解を招きやすいのです。

そう考えると、「御社のことが大好きである理由」「御社で成し遂げたいこと」「明確なキャリアビジョン」も志望動機に含める必要がないとわかります。これは、面接で聞かれたら答えるものです。

志望動機において、「御社のことが大好きである理由」は、ファンや消費者と誤解されるので不要です。

「御社で成し遂げたいこと」も本音で書くと「自分のことしか考えていない」と落とされる理由になります。組織の一員である以上、「会社が成し遂げたいことを、私も一緒に叶えたい」と伝えることが正解です。「明確なキャリアビジョン」も、求職者にとっての理想です。会社の本音は「うちに合わせてくれ」なのです。

❖「本音の転職理由」と「建前の志望動機」を分ける

二つ目のステップは「志望動機（建前）と転職したい気持ち（本音）を分ける」ことです。**あえて言いますが、志望動機は建前で作ってください。**応募先の企業が話してほしいことを書くのが王道です。

建前と言っても、「嘘をつけ」ということではありません。3-1で解説した求職者目線と採用目線を分けて考えてほしいのです。

今の転職活動は、「転職理由」と「志望動機」の違いがわかりにくくなっています。ほとんどの転職理由は、「今の状況（会社・仕事・待遇・人間関係）の不満を解消する」といった動機から生まれたものです。しかし、そこには「会社に利益をもたらす行動」

という採用視点が入っていません。

求職者目線は大事であり、絶対に蓋をするものではありません。最終的に、「転職すべきか否か」の判断材料になるからです。本音の転職理由をもとに転職できれば、「また会社辞めたくなってきた」と同じ悩みの沼にはまらなくなります（本音の見つけ方は、拙著『「会社辞めたい」ループから抜け出そう！』〈サンマーク出版〉を参照してください）。

ここで大切なのは採用目線で志望動機を伝える意識です。

転職理由（本音）はあなたの心の中だけで大切に保管しておいてください。企業には伝えなくてＯＫです。

summary

志望動機とは、企業に利益をもたらす行動を答えること

「御社が好き」「成し遂げたいこと」は、志望動機に書かない

「転職理由」と「志望動機」は、分けて考える

3 03 スラスラ書ける「志望動機の方程式」（作成編）

❖企業の目指す未来に、志望動機を合わせよう

「私は会社の成長のために有益ですよ」と伝えることが、志望動機では重要だとお話ししました。うまく伝えている人はコツを知っています。それが「企業が描く未来を知ること」です。そこで、ステップ3では「（企業が描く）未来に（あなたの志望動機を）フィットさせる」作業に進みます。

では、企業が目指す未来は何を見ればわかるのか。それは、「採用情報」「中期経営計画」「社長挨拶」の三つです。

なぜならば、この三つのどれかに、「当社は●年で売上●億円を目指しています。そのために●●に注力します」「弊社のビジョンは●●です。実現のために●●に投

資します」といった文言が見つかるからです。

企業が目指す未来に共感し、そのために貢献できることをあなたの経験の中から見つける。そうすると、志望動機をスラスラ書けるようになります。

採用情報は企業ＨＰ、求人サイトに記載されています。中期経営計画は、上場企業であればＩＲ情報の「株主説明会資料」に書いてあります。上場企業でなければ、採用ＨＰや社長挨拶のページに記載があることがほとんどです。

稀にどこにも書いていない場合があります。そういった企業は評判が良くてもお勧めできません。

社長挨拶が当たり障りのない会社もあります。その場合は「社名／社長のフルネーム／インタビュー」で検索してみてください。

それでも見つからなければ、この企業も応募は見送りましょう。

さて、企業が目指す方向性の見当がついたら、「企業が目指す未来に向けて、自分が志望する部署は何をしているのか？」を同じように調べます。これも、採用情報や中期経営計画に書いてあることが多いので、チェックしてみてください。

もし会社説明会に参加できる機会があれば、こう質問しましょう。

「中期経営計画の中に●●とありました。そのために●●事業部は何をしようと考え、そこにはどんな経験を持った人が必要だと考えていますか?」

これで、「どんな経験を持った人を募集しているか」をヒアリングできます。

❖志望動機は「理由⇩貢献行動⇩生かす経験」の順番で書く

ステップ4は「貢献行動を示す」ことです。

ポイントは、根拠となるあなたの経験です。「私の●●という経験を生かします」と添えることで、貢献行動に具体性が生まれるでしょう。

ここでも再現性が、あなたに内定を運んでくる強い味方となります。企業は抱えている悩みを解決してほしくて、あなたを待っています。

以上が志望動機作成の4ステップになります。これをもとに、志望動機のフォーマットを作成すると次のようになります。

> 私は「●●（中期経営計画やビジョンを書く）」を達成するために、貴社を志望しています。具体的には、●●部が目指している「●●（中期経営計画や採用情報に書いてある内容）」に貢献すべく、私の経験の「●●」を生かしてまいります。

ここまで読めば、少なくとも志望動機に必要なのは、漠然とした精神論である「強い意思」ではないことは理解していただけたかと思います。本当に必要なのは、企業が公開している情報を調べ、フォーマットに沿って志望動機を作ることなのです。

これが、「志望動機には方程式がある」と断言できる理由です。

summary

- 企業が目指す方向に、あなたの志望動機を合わせよう
- 企業の悩みを解決する自分の経験を書くこと
- 志望動機は、「理由⇩貢献行動⇩生かす経験」の順に書く

3
04

転職で夢を叶える「鋼の志望動機」（前編）

❖純度の高い気持ちが、心を動かす

ここまで理詰めで志望動機を作る方法についてお伝えしてきました。

志望動機には方程式があること、企業が採用を行う目的である「会社に利益をもたらす社員を増やす」という原理原則に基づいて志望動機を作ること。

このルールに沿ってさえいれば、「私の本当の思いは何だろう」とグルグル回るストレスなく、志望動機を作ることができます。

一方で、「なんだか味気ない」と感じる方もいらっしゃるかもしれません。その直感は正しいです。

志望する企業や事業部が好きで転職しようと考える人ほど、そう思うでしょう。

出版やスポーツ、エンタメといったファン時代が長く、憧れを持って転職する人が多い人気産業への転職に多い傾向であり、必要な要素があります。それが「この仕事に就きたい」という純度の高い気持ちです。「好きを仕事にしたい人向け」の志望動機の作り方をご紹介します。

なお、この志望動機の作り方は、人気産業に限らず他の求職者と差をつけるためにも有効です。

企業は「数ある企業の中で、なぜ弊社に応募するのか」を知りたがっています。**「たまたま知ったからです」が本音である多くの求職者は、他企業との違いがボンヤリしています。答えられれば大きな差になります**（ちなみに、転職エージェント経由の面接で「紹介されたから」と、正直過ぎる回答で早々と落選する求職者もいます。そして転職エージェントには企業からクレームが届きます）。

この志望動機は、理詰めで作り上げたものとは違う角度から、あなたの志望動機に「私にしか紡《つむ》げない言葉で作られた自信」をもたらしてくれます。

さて、「鋼の志望動機」の作成は5ステップあります。

【前編】●ステップ1：「肯定的な影響」を分析する
●ステップ2：「ファン」か「提供者」か、自問自答
【後編】●ステップ3：「ファン」から「提供者」へ意識が変わった瞬間を振り返る
●ステップ4：2つの価値分析
●ステップ5：未来の行動分析

具体的に見ていきましょう。

❖熱い思いは「客観的事実」を通じて伝えよう

幼少期に漫画やスポーツ、音楽などに強い影響を受けて「この世界の仕事ができたら」と思った経験がある人もいらっしゃるでしょう。作品や文化に、どれだけ肯定的な影響を受けたでしょうか？　自分がどう変わったのか、その「before→after」があなたの「好き」を、客観的な事実として伝える手段になります。

私が担当した相談者さんの例をご紹介します。

この相談者さんは、もともと引きこもりでした。しかし、あるミュージシャンのファンになってから、ファン同士で交流するようになり、人と会話する楽しさを知ったと言います。この経験をきっかけに、音楽業界を志望しました。

このように、ある対象から価値を得る「前と後の変化」を話せるようになると、自分がどれだけ熱い思いを持っているかが、客観的な事実として伝えられるのです。

「大好き」「この作品がないと生きていけません」という抽象度の高い言葉を使って伝えようとするよりも、あなたの本気が伝わりやすいでしょう。

さらにあなただけの体験に根ざしているので、誰も否定できません。

借り物の志望動機が、替えの効かないあなたの言葉の志望動機へと変わります。

❖ファンと提供者の間にある崖

今、憧れの産業で働いている人たちも、かつては純粋なファンでした。

今や消費する楽しさを享受する立場から、楽しさを提供する立場になり、その業界の裏も表も知り尽くしています。裏側を見すぎて、去っていく仲間を見送った人も多々いることでしょう。

そうした事情から、採用企業はこう考えています。「ファン意識のままでいる人は、本人のためにも早めに落としておこう。つまり、「ファンのままでいてください」ということです。

裏を返せば、「ファンを卒業して、提供者の意識に切り替えられた人と働きたい」という本音が見えてきます。もちろん、ファン意識を持ち続けることは提供者になってからも大切です。「顧客の気持ちがわかる」は大きな武器になりますから。

しかし、ファン意識しかない、ファン意識のほうが大きい場合、「採用しにくい人物」とみなされるのです。ファンが見る理想と提供者が知る現実の間にある崖に落ちやすいからです。

そこで、3-1で紹介した「提供者目線」が必要になるのです。

たとえば、私はロックバンドのGLAYの音源に関しては何も思いつきません。純粋なファンなので、アイデアや改善すべき施策を思いつかないのです。このままだと

GLAYの事務所に転職できる確率は限りなくゼロに近いので、永遠のファンでいたほうが幸せという結論に至りました。

アイデアや施策を思いつく方は、続く提供者として働く覚悟が伝わる後編の3ステップをご覧ください。

- ファンから提供者に意識が切り替わった瞬間はいつか
- 提供者になってどんな価値を発揮したいのか
- 入社後にどんな改善策と行動を予定しているのか

この三つの問いに答えると、誰にも否定できない力強い志望動機ができあがります。

summary

作品や文化から受けた影響を、客観的事実を通じて語る
ファンを卒業して、提供者の視点があることを伝える

3 05

転職で夢を叶える「鋼の志望動機」（後編）

ファンから提供者に意識が切り替わった瞬間は？

ファンから提供者に、意識が切り替わった瞬間はいつか。実は、面接でもよく聞かれる質問です。「なんで仕事にしようと思ったのですか？」という形で聞かれることもあります。中には、「ファンのままでいたほうが幸せですよ」と牽制《けんせい》されることも。

あなたには、「これは最高にいいな」と感じたファンや消費者だったマインドから、「ここを改善すればもっと広まるんじゃないか」と提供者に気持ちが切り替わった瞬間があるはずです。それはいつでしょうか？

ファンでいれば対象に惚れ込み続ける幸せを享受できたはずです。その甘い時間を手放してまで「仕事にしたい」と思った瞬間はどんなシーンだったのでしょう？ この問いに答えていくことは、そのまま面接対策にもなります。あなたが「ファンから提供者に切り替わった瞬間」はいつですか？

❖提供者として大切な「二つの価値分析」

どんな価値を提供したいのか。問いだけを見ると難しく見えます。しかし、スラスラ書けるようになる切り口が二つあります。

一つは、ステップ1で明らかにした「自分がもらった価値」を切り口に考えます。「過去の自分のような境遇の人に届けたい（助けたい）」という自分の価値を中心に考えるパターンです。

たとえば、音楽によって「自分の感情に素直になる喜びを知った」という価値を受けたとしたら、過去のあなたと同じように「自分の本音がわからなくなりがち」な人の気持ちを反映させた商品やサービスに携わる資格があると言えるでしょう。

二つ目は、社会課題を解決する切り口です。

たとえば、高齢者世帯が増え、元気な方も多い現在、高齢者も楽しめるエンタメが求められているとします。そういった社会の大きな流れの中で、課題を解決する価値を提供したいといったパターンです。

前者は、自身の経験に根づいた感性豊かなプロダクトアウト(作り手が作りたいものを売る)の方法である一方、後者は社会や市場の流れを見たマーケットイン(市場が必要とするものを提供する)の方法です。

もちろん、二つの経験をミックスすることも可能です。

たとえば、配偶者が亡くなって以来、塞ぎ込みがちだった自分の祖父・祖母が、音楽によって心を開くようになった。高齢者の孤独は、社会問題になっている。こうした課題を解決するために、音楽を活用するビジネスに自分の経験を役立てたいといったことも、「鋼の志望動機」にできます。

あなたも仕事を通じて、「こういう人が増えている」「顧客企業からこんな要望をもらうことが増えた」と感じた経験があるのではないでしょうか？

その感覚は、「社会が求めている価値」に気づく糸口です。ぜひ、そのヒントを見逃さずにいてください。社会の流れやビジネスチャンスを反映させた志望動機をつくれます。あなたが情報感度の高い人だと企業に伝わるでしょう。

❖志望動機に説得力が増す「入社後の行動予定」

ステップ5では、入社後にどんな改善策と行動を予定しているのかを、具体的に伝えます。ファンと提供者の意識は180度違います。ファンであればただ商品やサービスを享受すればOKですが、提供者は「企業の成長」のために働きます。

「確かに今も最高ですけど、120％にできるよう『ここ』を改善したい」と伝えることが、あなたの志望動機にさらなる説得力をもたらします。

「改善策なんてわからない」と感じた人もいるかと思います。改善策は中長期的なものになりますから、無理もありません。イメージできなければ、「入社後の行動予定」を説明すれば十分です。企業はあなたが入社後にどう働くのかを知りたがっています。ミスマッチは入社して数カ月以内に起きるからです。

最後に、簡単な志望動機フォーマットを記載します。現職の仕事や企業発見・分析にもお忙しいと思うので、ゼロから作る手間を省いてください。

> 私は〇〇（商品やサービス名）の価値をさらに広めたいと思い、志望しました。私自身、〇〇（商品やサービス名）に勇気づけられ、●●という大きな変化を体験しました。過去の私のような悩みを持つ人はたくさんいます。
> 既にファンに愛され続けた歴史がある〇〇（商品やサービス名）ですが、私が考えた●●（改善策）と●●（行動）で、より多くのファンを獲得できると考えています。とはいえ、まだまだこの業界については初心者です。ご縁をいただけることがあれば、まずは現場に出て●●のリアルを知りたいと考えています。

最後に「現場」を打ち出した理由をお伝えします。好きが高じて志望者が集まるいわゆる「夢産業」では、「見て盗め」の文化が強く残っているからです。「こうすればできるようになるよ」とノウハウが確立されていないので、現場で自ら知識と技術を吸収する意欲を伝えると印象が良いのです。

実際に、スポーツビジネス界に従事している葦原一正氏は、著書『稼ぐがすべて Bリーグこそ最強のビジネスモデルである』（あさ出版）の中で「アルバイトで球団に入るパターン」が「意外とおいしい」と説明しています。

誰も否定できない「鋼の志望動機」を作る過程で、「やっぱり、好きなことを仕事にしたい」という思いを強くすることでしょう。

その気持ちが言葉になった時、書類の段階から企業は「覚悟を持って弊社を志望している」と感じます。期待されて始まる面接ほど、あなたと企業の相性の良さがわかるものはありません。入社後も一目置かれるでしょう。

ぜひ書類の段階からあなたの強い思いを伝えてください。

summary

ファンを卒業したタイミングを思い出す
「好き」の中に「プロダクトアウト」と「マーケットイン」の発想を入れる
入社後の改善策、または行動予定を伝えると、本気さが伝わる

3
06

職務経歴書は、「最初の5行」で決まる

❖職務経歴書は、丁寧に読まれない⁉

職務経歴書はあなたの経験の詳細を伝える最も大切な書類です。経験が豊富な人であるほど、職務経歴書も分厚くなりがちです。しかし、採用担当者も書類を読み込む仕事だけをしているわけではありません。

中途採用と新卒採用を兼ねていたり、採用と研修を兼ねていたり、中には総務担当が兼務として採用に関わっている場合もあります。

とにかく時間がありません。**「最後まで読まないとわからない書類」を、隅から隅まで読んでくれる可能性は限りなく低いのです。**

そこで、「最初の５行」が勝負になります。具体的には、「職務概要」で勝負します。ここで「お！」と思わせると、書類選考を即突破するだけでなく、面接もあなたに有利に進みます。

では、「最初の５行」に何を書くのか。

大事なことなので繰り返します。「再現性」です。「御社でも再現できる仕事・経験はこれです」と端的に伝えます。

再現性といっても「何を再現するのか」が重要ですが、「何を」に当たる部分は、求人票の業務内容です。**求人票とは、「ここに書かれた経験を再現できる人が欲しい」という企業の要望書なのです。**

みなさんも職務経歴書を書く際は、次の図を参考にしてください。

❖職務概要欄と対応する部分にマーカーを引こう

職務概要を書いたら、その職務概要は職務経歴のどの部分と対応しているのか、ペ

■ 5行でつかむ「職務経歴書」

求人票

求 人 票（●●エージェント株式会社 作成）

会社概要

企業名	●●株式会社				
業種	IT・通信・インターネット				
従業員数	60	売上高	5億円	設立	2002/6/21
事業内容／会社の特徴	自社開発の IT サービス『ゼロストレス』を提供している。 導入社数は1,000社を超えている。 弊社は日本No.1の高品質を世界に輸出することを目指している。				

求人内容

ポジション	法人営業
雇用形態	正社員 ※3カ月間の試用期間あり／その間の待遇・給与に変更はなし
雇用期間	期間の定めなし
業務内容	新規の顧客の開拓を行い、自社開発の IT サービス『ゼロストレス』を担当いただきます。 ●顧客のリストアップ、テレアポ ●イベントや Web サイト、SNS からのお問合せへの反響営業 ●システム導入後の顧客サポート ●開発チームとの会議、営業動向
募集背景	売上拡大のため
勤務地	●●県●区●●●1-2-3 （地下鉄●●線　●●駅 3番北出口 徒歩6分）

応募資格	必須条件：法人への営業のご経験 歓迎要件：システム開発の知識、メンバー育成やマネジメントのご経験
	面接⇨役員面接
	時間）
	末年始休暇、夏期休暇、有給休暇、
	時間】
	有無に関わらず、●時間分の時間外手当とし 分についての割増賃金は追加で支給
	年金、雇用保険、労災保険）
	の提供を禁止します。

求められている業務内容の再現性を5行で書く

職務経歴書

職務経歴書

20●●年●月●日
●●　●●（氏名）

■職務要約

・○○大学○○学部卒業後、20**年**月に○○○○株式会社に入社。
・営業部に配属となり、金融業界や建設業界の社内システム部門向けに業務システムを提供する。テレアポだけでなく自ら Web セミナーを企画、実行し、新たな販路を開拓【詳細は P2の業務内容（3／3）】。顧客ごとのニーズに合わせた提案と導入後のフォローを心がけ、年間売上●●万円以上の実績を達成する
・営業支援室に異動後は、新入社員や中途入社者向けの研修、立ち上がり支援を担当。営業支援室と現場の橋渡しとなる
・現場に復帰後はチームリーダーとして、メンバー6名のマネジメントを経験。自身とチームの両方の目標を6ヶ月連続で達成する【詳細は P1の業務内容（1／3）】

■職務経歴

20××年×月～現在　株式会社○○　業種：IT
＊資本金：○○百万円　＊従業員数：○○人　＊上場区分　非上場両方の目標を6ヶ月連続で達成する【詳細は P1の業務内容（1／3）】

期間	業務内容（1／3）
20●●年04月～ 20●●年●●月	【所属】営業部 【役割】チームリーダー 【営業スタイル】紹介、お問合せ、Web セミナー 【顧客の割合】新規○割、既存○割 【商材】業務システム 【営業先】金融業界や建設業界の IT 部門 【担当社数】●社 【メンバー数】6名 【実績】 ●●●●年度：売上●●●●万円　（目標達成率●●●%） ●●●●年度：売上●●●●万円　（目標達成率●●●%）

期間	業務内容（2／3）
20●●年04月～ 20●●年●●月	【所属】営業支援室 【役割】研修担当 【仕事内容】 現場の営業社員からのヒアリング、研修企画、研修講師

期間	業務内容（3／3）
20●●年●●月～ 20●●年●●月	【所属】営業部 【役割】顧客担当 【営業スタイル】テレアポ、紹介、お問合せ、Web セミナー 【顧客の割合】新規○割、既存○割 【商材】業務システム 【営業先】金融業界や建設業界の IT 部門 【担当社数】●社 【実績】 ●●●●年度：売上●●●●万円　（目標達成率●●●%） ●●●●年度：売上●●●●万円　（目標達成率●●●%）

■活かせる経験・知識・技術

●テレアポや飛び込みなどのアウトバウンドの経験
●IT システムの業務知識
●チームリーダーや研修企画などの経験両方の目標を6ヶ月連続で達成する【詳細は P1の業務内容（1／3）】

■資格・語学力

●TOEIC ●●点（20●●年●月）

■自己PR

～～～
～～～
～～～ 以上

職務経歴は職務概要のどこを対応しているのかをラインマーカーでしめしてあげよう

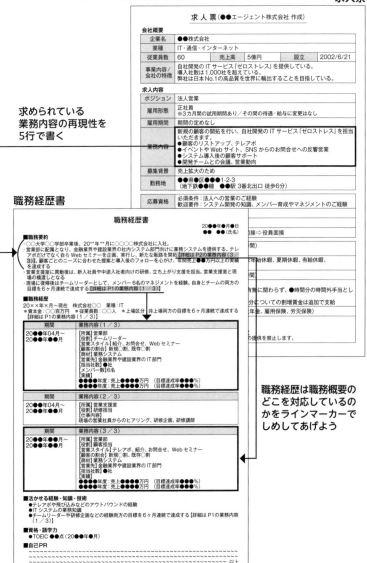

ージ数をつけてあげてください。ベテランほど、職務内容は長くなりがちです。そこで、求人票と一致する経験を概要欄にまとめ、その経験が職務経歴欄のどこに書かれているのか、忙しい人事に示してあげてほしいのです。

示し方は簡単です。**職務概要に「P●を参照」と書き、該当箇所にラインマーカーを引いてあげるだけです。**すると人事は職務概要とマーカーの部分だけを見れば、「面接に来てもらおう」と判断できます。

あなたのほんの少しの気遣いが、「この人は仕事を丁寧に進める」と印象づけ、内定を手繰《たぐ》り寄せます。

summary

求人票の仕事内容を読み、それを再現する経験を職務概要にまとめる

職務概要の内容が、職務経歴書の何ページに書かれているかを示す

3
07

「プラスアルファの書類」に9割の力を注げ

❖履歴書・職務経歴書以外に、書類を添付してもいい

普通に書類を作って、普通に応募して、普通に面接して、普通に入社する。これで幸せになれるのはエリートの中でも運がいい人だけです。

履歴書と職務経歴書で伝わるあなたの魅力・実力は、普段の10分の1以下。にもかかわらず、これだけの資料と数十分の面接だけで、採用の合否を決められたら、たまったものではないでしょう。

履歴書と職務経歴書の他に、よりあなたの魅力が伝わる資料を送りませんか?

転職活動では、履歴書と職務経歴書しか提出してはいけないと思わされています。

しかし、本当は「プラスアルファの資料」が採用の決め手となると言っても過言ではないでしょう。実際に、私は相談者さんに、次の六つの書類の中から、あなたの良さが伝わりやすい資料を一～二つ選ぶよう勧めています。

- 厳しすぎる上司を自己PRネタにする「上司リファレンス」
- ストレスを武器に変える「顧客リファレンス」
- 仕事の苦労やすごさが、ひと目でわかる「仕事資料のまとめ」
- 「早く面接に呼ぼう」と即決させる「職務経歴ダイジェスト」
- 「長く一緒に働きたい」と思わせる「自分大全」
- 「マネジメント能力が高い」と証明できる「部下まとめシート」

❖後でラクをするために「急がば回れ」

「応募資料が増えるのは、企業にとってストレスでは」と思うかもしれませんが、大丈夫です。本当にいい人材を採用したい企業にとっては、宝のような情報です。

採用側も本音では、「履歴書や職務経歴書だけを見せられても、どう判断していいかわからない」と悩んでいます。

余談ですが、六つのプラスアルファの資料はモンスター企業を事前に炙り出す「魔除け」のような効果もあります。少し怖い話をさせていただきます。

私は転職エージェントや求人広告の営業をしていた時に、よくこんな声をぶつけられました。「黙って手足になる人材をよこせ」「とりあえず入社させて、ダメなら辞めさせる」。にわかに信じがたい話ですが、こうした企業は存在するのです。こうした企業の採用担当者は書類を丁寧に読みません（読めません）。

そこで、プラスアルファの書類を提示すれば、モンスター企業をうんざりさせることができます。

「応募段階でそこまで頑張らなくても」と思うかもしれません。

しかし、**「転職活動で時間をかけ、一番力を入れるべきは何ですか？」と問われれば、私は迷わず「応募書類の作成です」と答えます。**

あなたも仕事をする中で、「その工程をおざなりにすると、後でかえって時間がかかる」と思う作業があるはずです。転職活動も然《しか》り。応募書類の作成をおざなりにしてしまうと、転職活動の期間を長引かせてしまいます。

まさに「急がば回れ」の戦略です。転職活動に真剣であり、ストレスなく進めたいなら、書類作成は踏ん張りどころです。一次面接も最終面接も、この書類をもとに行われます。

では、実際にどうやって作るのか。説明していきましょう。

summary

履歴書や職務経歴書以外に、資料を渡してもよい

プラスアルファの資料で、モンスター企業を避けられる

3
08

厳しい上司をネタにする「上司リファレンス」

❖上司すらも、自己PRの材料になる

「リファレンスチェック」をご存じでしょうか？

経歴照会、身元照会といった意味で、外資系企業では広く知られています。これを導入する日本企業も増えてきました。

リファレンスチェックは、求職者の職場の人が求職者の仕事内容の評価や実績、長所や短所を書くものです。「もう一度一緒に働きたいか」といった自由記述もあります。選択式で「コンプライアンスの意識の高さ」や「勤務態度」などを見る項目もあります。

あなたは、リファレンスチェック歓迎派でしょうか？「何となく嫌だなぁ」と感じる人が多いと言われています。

ただ、リファレンスチェックには入社後のミスマッチを減らせるメリットがあります。企業の本音は、「求職者の確かな情報を知りたい」。応募書類も面接での発言も、疑おうと思えばどこまでも疑えてしまうからです。

企業はビクビク怯《おび》えています。「成果を出せる社員」といった攻めの採用より、「問題を起こさない社員」といった守りの採用をする人事も少なくありません。

なお、転職エージェントが導入したい企業に「リファレンスチェックをすると応募率が下がるからやめてほしい」と伝える光景は、採用の裏側ではおなじみです。

さて、賛否が分かれるリファレンスチェックですが、ここで一つ提案です。**企業が「実施したいけど、思い切ってできない」という事情を逆手に取ってみませんか？**

「転職活動を知られたくない」と考えるかもしれません。大丈夫です。上司に、リファレンスチェックの作成を依頼するわけではありません。

あなたが上司を調べて書いてみるのです。

結局のところ、リファレンスチェックの目的は「求職者の確かな情報を知ること」だからです。どういった上司のもとで仕事をしてきたのかは、あなたが「どんな環境で力を発揮できるのか」という再現性が客観的に伝わる一つの指標となります。

❖厳しい上司のネタほど、おいしい

ところで、あなたは上司の経歴をご存じですか？

新卒ではどんな企業でどんな仕事をして、どういった経緯で転職してきたのか、入社からずっと今の企業にいるとしたら、どんな部署を経験しているのか。「考えたこともないし、聞いたこともない」と答える方が大半だと思います。

ですが、どこかの機会で聞いてみてください。ちょっとした雑談の時でＯＫです。

なぜ、上司の経歴を知ることがあなたの強みにつながるのか。

それは、「こんなタイプの上司のもとで仕事をしてきた自分は、こういった仕事を頑張れる」と、客観性をもってアピールできる材料になるからです。

一度、相談者さんに上司の経歴をすべて振り返ってもらったことがあります。

相談者さんの上司は、「超」がつくほど慎重に仕事を進めるタイプの人でした。

相談者さんは日頃から、「なんでこんなに細かく管理するんだろう？」と思っていたそうですが、経歴を調べていくうちに理由がわかりました。

その上司は金融系のシステム開発をする会社で、システムエンジニアとしてキャリアをスタートさせたそうです。転職後は、財閥系の商社で社内ＳＥをしていたそうです。そこから今の会社に転職し、ＩＴ企画の部長をしています。

話を聞くと、ミスが許されない、顧客が厳しい環境でずっと育ってきていたのです。「だから細かいのか」と相談者は納得できました。

さらには、「今まで知らなかったけど、いい会社で責任のある仕事をしていたんだ。この人のもとで仕事を教わったから、自分もプレッシャーの強い仕事でもミスしないのか」と気づきました。

こうしたネタは使えます。「チェックの細かいシステムエンジニア畑のキャリアを歩んできた上司に育ててもらったので、ミス防止には自信があります」と客観性をもって伝えられるからです。

上司が厳しいほど、あなたの強みを表すエピソードは説得力を持ちます。

上司を使って自分が頑張ってきたポイントを伝える。そう考えると、これまでの会社であなたがやってきたことは、すべて報われると思いませんか？　65歳でケンタッキーフライドチキンを創業したカーネル・サンダースの言葉をお贈りします。[※16]

何を始めるにしても、ゼロからのスタートではない。失敗や無駄だと思われたことなどを含めて、今までの人生で学んできたことを、決して低く評価する必要はない。

❖強みは自分からアピールしないから、伝わる

なお、上司リファレンスは、二つあります。一つは、上司のタイプを説明する資料(上)。もう一つは、上司とのエピソードを記載する資料(下)です。

上司リファレンスを書くと、そのままネタとして使えるあなたの「客観的な強み」がわかるでしょう。

先ほどの相談者さんは、「あなたは、評価面談や1on1で上司からもらった言葉を

■ 上司リファレンスの使い方

論理重視	感性重視
結果重視	プロセス重視
単独プレー重視	チームワーク重視
未来重視	伝統重視
プライベートの話をする	プライベートの話をしない
教えるのが得意	教えるのが苦手
話しを聞く	話を聞かない
忙しい	ゆとりがある

No.	時制	上司を分析する視点	回　答
1	過去	上司はこれまでにどんな業界、会社でどんな仕事をしていたか	•金融系のシステム開発企業でシステムエンジニア •財閥系の商社で社内SE
2	過去	上司とした仕事の中で一番記憶に残っているものは何か	•全社の勤怠管理システムの刷新プロジェクトの推進
3	過去	上司の厳しさを感じた経験はどんなものか	•バグチェック専門の会社のアイミツを5社以上するように指示された
4	過去	評価面談や1on1、普段の指導で褒められた時の言葉は？	•「鉄道やメガバンクなどの社会インフラレベルのシステム保守もできるようになってきた」
5	過去	評価面談や1on1、普段の指導で叱られた時の言葉は？	•「君の適当さで会社が潰れて、何人の人間が路頭に迷うか想像してチェックしろ」
6	現在	上司はどんな仕事をしているか	•人材系の企業のIT企画室の部長
7	現在	上司は何に対して怒りや不安を覚えるか	•「失敗しないこと」が自分達の部門の最大の価値だが、部下が「そこまで神経質にならなくても」と仕事を軽く見ることに不安を感じている •他部署からは「ミスがない」ことが前提で褒められることはほぼないから、部下にかけるポジティブな言葉が少ないことを気にしている
8	現在	上司は何をすると評価するか	•「やっておきました」という事後報告ではなく「これで進めようと思います。チェックして許可をお願いします」という事前に相談する仕事のやり方
9	未来	上司が目指していること、したい仕事は何か	•いずれはIT企画室から新しいシステムの導入を提案した時に、全社が「あの部署がいうなら安心だからOK」という信頼を蓄積すること
10	未来	上司の評価基準は何か（上司の上司は何を評価するのか）	•他部署からのクレームがないこと
11	未来	上司があなたに求めていることは何か	•「ミスをしないこと」がどれだけ会社や他部署にとって価値を生むかを理解して、自発的に慎重に動くようになること（言われてやっているうちはミスが多発する）

覚えていますか？」という質問から「ロボットとも言われるくらいチェックの細かい上司から、『君の資料は、修正なしで顧客に出せる』とフィードバックをもらった」というネタを見つけました。

それは、「私には顧客に出せる論理的な資料を作る能力があります」と自分で主張するよりも、はるかに説得力があります。

アピールしていることは同じ、「資料作成能力に秀《ひい》でている」ことです。

しかし、「誰に言わせるか」、つまり自分ではない上司という第三者に言わせることで、必死に自己ＰＲしなくても、自然にあなたの良さが伝わる「確かな強み」になります。あなたの強みを、あなたが伝える必要はないのです。

むしろ、他の誰かに言わせることで、あなたの謙虚な人柄や周りを見る視野の広さ、アドバイスを受け入れる素直さまで伝わります。

summary

上司がどんな職業人生を歩んできたか、取材してみよう

厳しい上司ほどあなたの魅力を伝える材料になる

「上司に語らせる」ことで、あなたの魅力はもっと強まる

3
09

ストレスを武器に変える「顧客リファレンス」

❖クレーマーこそ、格好のネタになる

顧客や取引先という立場を悪用し、要求という隠れ蓑《みの》を使って理不尽なクレームを繰り返すカスタマーハラスメント（カスハラ）は社会問題となっています。

実際に、私のもとにもこのような相談が増えています。営業やWebディレクターの相談者さんは、「お客様は神様と言っても限度がある」と話し、コールセンターや接客業の相談者さんは「客が私を奴隷扱いしてくる」と打ち明けてくれました。

厚生労働省が調査に乗り出したり、大手ゲームメーカーが修理サービスの規定に「カスハラ」から従業員を守る項目を追加するなど、対策が進んでいます。

顧客や取引先との関係を理由とした転職はまったく問題ありませんが、やられっぱなしで転職するのは納得いきません。

どうせなら、受けたストレスを転職ネタに変えてみませんか？

上司リファレンス同様、顧客をネタにあなたの強みが伝わります。クレーマーとのエピソードこそ、格好の転職ネタです。

私のもとに訪れた相談者さんは、エンジニアとして顧客に多大なストレスを与えられていました。今では、需要が高まり続けているＤＸのコンサルタントとして活躍しています。

Ｗｅｂディレクターとして7年間顧客に振り回された相談者さんは、今では大規模Ｗｅｂメディアのマーケティングマネージャーを務めています。

「顧客リファレンス」は辛い経験のすべてが報われる方法なのです。

❖自ら語らず、資料に語らせよ

転職において、顧客と対峙した経験は高く評価されます。辛い記憶を呼び起こすようで恐縮ですが、まずはあなたが関わってきた顧客の「属性と傾向分析」から始めましょう。

BtoB企業の顧客であれば、「どんな業界の、どれくらいの規模の会社を相手にしてきましたか？」「直接コミュニケーションを取っている人の役職は？」「どんな要求やリクエストをよくされますか？」などといった質問から、顧客を分析できます。

BtoC企業の顧客であれば、「何歳くらいの人と接することが多いですか？」「どこに住んでいる人ですか？」「収入はどれくらいですか？」「家族持ちですか？」などです。

顧客の属性と傾向を炙り出すと、自分がどんな人を相手にビジネスをしてきたのかが改めてわかります。

「金融業界のＩＴ部門を相手にコンサルティングをしていた」「不動産業界で、資産

●億円の人を相手に物件を紹介していた」などといった説明ができるでしょう。
「●●相手にビジネスをしてきた」と、改めて顧客への理解が深まります。

顧客リファレンスは、上司リファレンスと使う資料は基本的に同じです。

たとえば、顧客リファレンスにある「顧客の厳しさを感じたのはどんな経験か」という質問に対して、あるコールセンター勤務の相談者さんは「これまで受けてきたクレームと対応にかかった時間」をまとめました。

この「顧客クレーム集」を書類選考と面接で使い、「『何も話さなくても、この人はメンタルが強い』と伝わったようで、面接も楽勝でした」と話していました。

自ら語らず、資料に語らせる。話し方に自信がない場合は、ぜひ職務経歴書と一緒に、顧客リファレンスを添付してみてください。

❖理不尽な顧客との「距離の取り方」

しかし、今まさに大変な思いをしている人は、こう思うかもしれません。「また同じような顧客なんて二度とごめんだよ」。確かにそうです。

大丈夫です。今の顧客とはあまり関わらない転職もあります。正確には直接ではなく「間接的に関わる」ことで顧客を利用する方法をお伝えします。

それは、「その顧客を相手に仕事をする仲間を、支援する仕事に就く」ことです。

たとえばあなたが、金融業界で富裕層を相手に金融商品を案内する営業をしていたとします。近い営業をする社員のサポート役や、営業効率化をする営業支援や営業推進といったポジションがあなたを待っています。

これは、実際にあった相談者さんのケースです。

「顧客と対面する大変さを知っているからこそ、営業メンバーの言葉にできない悩みを先回りし、解決する仕組みづくりができる」と話しています。

また、接客業でお客様の理不尽なクレームを受けてきた経験を生かし、メンタルヘルスの講師になった相談者さんもいます。相談者さんは「自分もメンタルダウンしそうになった経験があるから、接客業に従事する受講者から共感を集めることができる」と語っていました。

顧客ストレスを強みの源泉にする。あなたの経験にムダは一つもありません。

summary

顧客に悩まされた経験は、転職で高く評価される
顧客の傾向を言語化すると、これまでの仕事の理解が深まる
問題のある顧客を相手にする仲間を、支援する仕事に就く発想もある

3/10 苦労とすごさが伝わる「仕事資料のまとめ」

❖百聞は一見にしかず。「成果物」を見せよう

言葉を尽くしても、イマイチ強みが理解されていないような気がする。この面接官は、本当に仕事内容を理解して質問しているのか？

こうした悩みを持つ相談者さんは多いものです。いっそのこと職場に来て、仕事振りを見てくれと話してくれた相談者さんもいます。

確かに、あなたの仕事内容や強みが、履歴書や職務経歴書といった小さな檻に収まるはずがありません。

ならばいっそ、仕事の成果物をそのまま見せてはいかがでしょうか？

これは何も語らずとも、あなたの仕事内容やこだわり、努力を伝えてくれる、いわばあなたの分身です。企業が知りたい再現性も伝わります。

エンジニアであればソースコードを、デザイナーであればポートフォリオを、営業の人なら提案資料を、講師やコンサルタントならスライド資料を、編集者であれば企画書を提出する。

一発であなたと企業の相性の良さ、仕事の向き不向きや実力、性格が伝わります。

確かに、間接部門で働いている人であれば、必ずしもわかりやすい成果物があるわけではないでしょう。

そうした場合は、成果物を作るためのあなたのメモをまとめても構いません。

議事録や週次の仕事の経過を伝えるシートも使えます。取引先を比較するアイミツ表の緻密《ちみつ》さが内定の決め手になった、社内システム担当の相談者さんもいます。転職活動用に成果物を可視化した経理や総務の相談者さんもいます。後づけでいいのです。むしろ、振り返って説明できるほうが再現性を伝えられます。

こうした願いを叶えるのが、「仕事資料のまとめ」なのです。

❖提出資料の豊富さで、面接官を圧倒できる

少しハッタリをかますような方法に聞こえるかもしれませんが、大量の「仕事資料のまとめ」を用意することで、面接官を圧倒する方法があります。

コンサルタントの相談者さんで、転職面接に厚さが何十センチにも及ぶ資料の束を持っていった方がいらっしゃいます。

これには面接官も面食らったようで、「そこまで徹底的なリサーチと膨大な資料で顧客の問題解決をしてきたのか」と驚かせたようです。

もちろん、面接官はその資料を実際にすべてその場で読むわけではありません（読めません）。しかし、「私は徹底的にリサーチしてから、膨大な資料を作ります」と言葉だけで説明するよりも、目の前の資料は圧倒的な説得力を持ちます。

視覚効果も、あなどれないのです。資料は、あなたの分身ですから。

実はこの仕事資料のまとめはあなたの面接のお守りとしても活用できます。緊張しなくなるからです。

仕事資料のまとめを提出すると、資料の中身に話題が集中するため、普段の仕事の話ができます。わざわざ面接で取り繕《つくろ》った自分を演出しなくても、日頃のあなたが考えていること、仕事をしている様子をそのまま説明するだけでいいのです。

また、資料を挟んで、あなたと面接官は「これはどういう意味ですか？」と普段の会話のように話すことができます。面接というよりも、資料を見ながら行う会議に近いので、あなたの本領が発揮されます。

summary

仕事の成果物を用意するほうが、言葉よりも説得力を出しやすい

膨大な仕事資料のまとめで、面接官を圧倒する方法もある

3 11

書類通過率を上げる「職務経歴ダイジェスト」

❖ほんの少しの気遣いが、採用確率を上げる

履歴書・職務経歴書を忙しくてちゃんと読めない採用担当者は少なくありません。そうした場合でも採用される確率をグッと上げる方法があります。これからご紹介する「職務経歴ダイジェスト」で、簡潔に応募要件を満たしていることを伝えると、「いい人が応募してきたな」とあなたに好印象を持つでしょう。

小さな労力で大きな効果を発揮する工夫です。次のメールをご覧ください。

書いてある内容は三つだけ。それは、「求人票の必須要件(応募要件)」「それを満たしている経験」「その経験の詳細が職務経歴書のどこに書いてあるか」の三つです。

■ 職務経歴ダイジェストのメール

●●様

お世話になっております。
●●です。

求人票を拝見しました。
ぜひ応募させてください。
私の経験で貢献できる部分がありそうです。

【必須要件】に該当すると思われる経験は下記になります。
他に適切な経験があれば、訂正してお送りします。

＝＝＝＝＝＝＝＝＝＝＝
●必須要件1：法人営業経験5年以上
～～～業界向けのシステム提案営業に20××年から～20××年まで従事しています。
（職務経歴書P●をご参照ください）

●必須要件2：法人向けに提案資料を作成した経験
実際に作成した提案資料から、機密性が高い情報を除いたバージョンの資料をお送りします。

●必須要件3：ITシステムの知識
～～～業界の企業が使う業務システムの営業に従事しています。
そのためのIT研修も定期的に受講しております。
（職務経歴書P●をご参照ください）
＝＝＝＝＝＝＝＝＝＝＝

どうぞよろしくお願いいたします。

職務経歴書のページ数まで書けば、人事に「丁寧な仕事をする人だ」とあなたの仕事の仕方まで伝わります。

職務経歴ダイジェストと大それた名前をつけていますが、職務履歴書の職務概要欄を、改めて伝え直しているだけです。

職務経歴ダイジェストはメール形式でも構いませんし、紙1枚の資料として送付してもOKです。

求人サイトの自由記入欄や備考欄があればそこに書いてもOKです。

この職務経歴ダイジェストによって、書類に書き表しにくい「顧客の気持ちを考えた行動」や「仕事を丁寧に進めていく性格」が伝わります。

こういった工夫を嫌がる企業は、「言われるがままに入社し、馬車馬のように働く奴だけ残ればいい」と考えています。

あなたの魅力が理解されることも、一緒に働いて幸せになることもありません。選考の中で見せる態度で、あなたに相応しい企業なのかを見極めてください。

職務経歴ダイジェストは、本でいうところの表紙であり目次であり、要約です。

表紙で「どんな内容かな」と興味が湧き、目次で「これは良さそうだ」と購買につながる。応募も同じです。

職務経歴ダイジェストがあるから、企業はあなたの魅力に興味を持ち、プラスアルファの書類も「なんて丁寧な仕事をする人だ」と好印象を持って読み進めることができるのです。企業も「こんなに時間をかけてくれたのか」とわかると、「この人と一緒に働きたい」と思う気持ちが加速します。

つまり、「職務経歴ダイジェスト」は、あなたをよく知る資料へとつなげる、いわば橋のような重要な役割を担っているのです。

summary

職務経歴ダイジェストで、丁寧な仕事をする印象を持たせる

3/12 あなたを丸ごと伝える「自分大全」

❖企業は意外と求職者に自由に質問できない？

企業は面接で求職者にいろいろと質問するものですが、なかなか踏み込んだ質問をできない事情があります。

厚生労働省が作成している「公正な採用選考について」という情報をご存じでしょうか？「就職差別につながるおそれがある14事項」が書かれています。エントリーシートで書かせたり、面接で聞いたりすると「就職差別につながるおそれがある」として政府が注意喚起しています。※17

こうした条件下で、「人生観を聞かないで、会社との相性はどう見極めるんだ？」と悩む人事の相談者さんがたくさんいるのも事実です。

■ 就職差別につながるおそれがある14事項

(a)本人に責任のない事項の把握	(b)本来自由であるべき事項の把握（思想・信条にかかわること）	(c)採用選考の方法
●本籍・出生地に関すること ●家族に関すること ●住宅状況に関すること ●生活環境・家庭環境などに関すること	●宗教に関すること ●支持政党に関することの把握 ●人生観・生活信条などに関すること ●尊敬する人物にお関すること ●思想に関すること ●労働組合（加入状況や活動歴など）、学生運動などの社会運動に関すること ●購読新聞・雑誌・愛読書などに関すること	●身元調査などの実施 ●本人の適正・能力に関係ない事項を含んだ応募書類の使用 ●合理的・客観的に必要性が認められない採用選考時の健康診断の実施

出典：厚生労働省

採用や部下育成などの経験がある方はよくご存じだと思いますが、応募書類や面接だけでは、人を正しく評価することは困難です。入社後に最も仕事の出来を左右する「人との相性」がわかりにくくなります。

ならば、企業の「聞きたくても聞けない」を逆手に取ってみませんか？

これからご紹介する「自分大全」を使って、あなたからあなた自身の情報を企業に開示してあげるのです。

自分大全とは「私の人生丸ごとを紙1枚で表現した資料」です。といっても「プライベートをすべて大公開する」わけではありません。「今の仕事につながる最も古い経験から、あなたの人生をまとめた書類」になります。

❖自分の年表を作ってみよう

自分大全のポイントは、今の仕事につながる経験を幼少期から抽出することです。

手順は二つだけです。まずは、年表を作ること。

たとえば、著者の私が「書籍の執筆スキルを持っている」ことを証明したいとしましょう。この場合、「言葉に関すること」の経験を一番古い記憶からたどります。

多くの人からは、「こんなに小さな頃から言葉を磨いていたんですね」と驚かれます。しかし、**実は「そういえばこんなことがあった」くらいの後づけです。**

言葉に没頭していた生活だったかというと、そうでもありません。本を読み始めたのも、大学受験で浪人して「時間がなんとなくある」と退屈だったからです。

ではなぜ、年表が書けるかというと「著者として書くスキルを持っている」ことを証明するための経験に焦点を当てて思い出したからです。**言ってしまえば、「著者と**

年齢	経験
4歳くらい	最も古い記憶は「母親が言葉を教えようと何か話している」
8～11歳	読書感想文が面倒だったので、ショートショートをパッと読んで適当に感想を書いていた
12歳	環境問題をテーマに書いた作文が優秀賞を取る
13～15歳	サッカーノートつけはじめ、体験を言語化し始める
16～18歳	サッカーノートを顧問の先生と交換するようになり、チームのマネジメントを行う
19～20歳	学生団体の代表を務めていた時に、メンバー全員の強みと課題を言語化してマネジメントに活かした
21～22歳	友人の就活のエントリーシートの作成代行をし、選考突破のノウハウを伝える
23歳	転職エージェントとして就職し、求人票のライティングに集中して営業成績２位になる
24歳	尊敬していた社長に志望動機を書いた三枚の紙を手渡しし、採用枠がない中で採用される
25歳	新規事業の求人サービスでWebメディア編集長として、コンテンツを量産する
29～31歳	独立後はGLAYの記事を書いたり、ゴールデンボンバーのインタビュアーを務める
33歳	初めての著書『「会社辞めたい」ループから抜け出そう！』を出版し、Amazonや楽天、書店のカテゴリーランキング１位を取る
29～現在	退職学という言葉をつくり、1200名のキャリア相談の中で応募書類を添削し、転職を成功させる
34歳	２冊目の著書「ゼロストレス転職」を出版する

して役立っているかもしれない経験」を後づけしただけです。

そう考えると、何でもない過去の経験を「証明する材料」へと変換できるようになります。

「そんなことでいいの？」と思われるかもしれませんが、いいのです。

キャリアは、仕事の経験だけが関わっているのではありません。

あなたの幼少期も学生時代も、日常のあなた

■自分大全

佐野創太
著者／退職学の研究家

物心ついた時くらいの母の言葉教育		新規事業・Webメディア編集長コンテンツ量産
ショートショートで感想文をショートカット		GLAYの記事執筆 ゴールデンボンバーのインタビュー
環境問題がテーマの作文が入賞	友人の就活のES作成代行	初著書がAmazon、楽天で1位
サッカーノートで顧問と作戦会議	求人票ライティングで営業成績2位	1,200名以上の応募書類添削
学生団体の全メンバーの特徴をメモ	採用枠がない中で志望動機3,000字を社長に手渡しして入社	2冊目執筆中

の経験もすべてひっくるめて、あなただけの大切なキャリアです。「人は今の仕事につながる一貫した経験を必ず持っている」のです。

❖年表を1枚の表にまとめ直そう

最後は採用目線でわかりやすい形でまとめる、つまり、一目でわかる1枚の表にまとめ直します。

年表で書き起こしたエピソードをすべて入れなくてもOKです。採用者に聞いて欲しいトピックを自分で選んで、書いてみましょう。

自分大全の形式はあなたの職業によって大きく変わります。

デザイナーならイラストを使ったほうがいいかもしれません。コンサルタントなら緻密な図表を用いたほうが、あなたの持ち味が光ります。

自分の年表を一目でわかる形に直した資料を、履歴書・職務経歴書と一緒に提出してください。

自分大全は、あなたに興味を持つフックです。ここから、「もっとあなたのことを知りたい」と興味が湧き、履歴書と職務経歴書をしっかり読むようになります。

summary

企業が聞きにくい情報を自分から開示する
伝えたいスキルにつながっていそうな経験を思い出す
エピソードをピックアップし、自分大全として1枚の資料にまとめる

3
13

マネジメント能力を証明する「部下まとめシート」

❖そのマネジメントに、再現性はあるか？

年収を上げる転職方法は、意外とシンプルです。

平均給与が高い業界に移る、企業規模が大きい会社に移る、外資系企業に転職する、英語を使う仕事に就く……などがあります。

もう一つ、年収を上げてくれる要素があります。それが、「マネジメント能力」です。個人で成果をあげる能力以上に、複数人の部下をサポートしながらチームの業績をあげる能力を重宝する企業はたくさんいます。

ただし、マネジメント能力は証明しにくいため、曲者《くせもの》です。もしかしたら、たまたま優秀な部下が集まっただけかもしれないと、採用者は考えています。

「弊社でも、そのマネジメント力が通用するかどうかわからない」と、採用を見送られる人がたくさんいるのです。50名の営業の部下を率いるマネジメント歴15年の相談者さんでさえ、「マネジメントスタイルが合わない」という理由で選考を落とされていました。マネジメント能力は伝えにくいのです。

ここでも、再現性が鍵となります。いったい、どうすればそれを証明できるでしょうか？

ポイントは、「今、マネジメントしている部下と転職先の部下の性質や課題が似ていると証明することです。

そこで、この「部下まとめシート」を使います。これを使えば、部下ごとに性質を理解し、一人ひとりに合わせた対応をとっていることが証明されます。

❖懐の深さやマネジメントの実務経験を伝える

では、具体的にどう使っていくのか、解説します。「これまで自分のマネジメントスタイルを言語化したことがなかった」という人も、振り返る機会として使ってください。

■部下まとめシート

No.	部下の名前	強みとそれが発揮された実績	チーム内の役割・性格	課題と指導、変化	将来的に進みたい仕事
1	●●●● ※企業に提出するときは伏せる（個人情報のため）	◉強み 言語化能力に長けている ◉実績 自分がうまくいった方法を、同じ立場のメンバーに共有してチームを底上げした	◉同じ一人のメンバーだが、最もリーダー気質であり先生ポジション	◉課題 同僚の変化や成績に目移りして、自分の仕事を後回しにする傾向がある ◉指導 「最大のリーダーシップは自分が実行すること」と伝えた。性格を否定せず、「君がやりたいことに説得力を持たせるためには自分で成果を出すこと」と伝えた ◉変化 上司である私や先輩社員にアドバイスを求めるようになった（早く成長したくなっている）	◉研修担当や人事制度の構築
2	●●●● ※企業に提出するときは伏せる（個人情報のため）	◉強み ◉実績		◉課題 ◉指導 ◉変化	

シートの横列は、あなたが部下と信頼関係を築くために意識していたことを入れてください。ここにあなたのマネジメントスタイルの特徴が出ます。

たとえば、成長意欲の高い部下を育てるのが得意な管理職の相談者さんは、「部下のやりたいことを定期的に把握し、新しい仕事を振る時には希望の仕事に近づいていることがわかるようにした」と話していました。

部下との壁を取っ払う力

があるマネージャーの相談者さんは「休日に何をしているか聞いています。そこに本音が出ますから。趣味があったら、少しでいいから見たり読んだり、体験するようにしています」と話してくださいました。

さまざまなタイプの部下をマネジメントしてきた方こそ有利です。

素直なタイプ、頑固なタイプ、放置を望むタイプ、常に見ていてほしいタイプ。

すべてのタイプの部下を書きましょう。あらゆるタイプの部下をシートにまとめておけば、応募先の企業は「弊社の社員と近いタイプの人をマネジメントしてきた経験がある」と、あなたのマネジメント能力の高さに気づけます。

ただし、30名以上の部下がいるなど、一人ひとりとの評価面談や1on1ができない規模の人数のマネジメントをしている方もいらっしゃるかと思います。

その場合は、部下を持っている部下、つまりマネージャー候補の社員をまとめてください。**「マネージャーを育てられるマネージャー」は、一朝《いっちょう》一夕《いっせき》では育たないため、企業が喉から手が出るほどほしい希少性の高い人材です。**

そもそも、そこまでの規模をマネジメントしているあなたは、役員や経営陣との会議を日常的に行っているはずです。

その場合は、役員や経営陣を使って「上司リファレンス」を作ってください。

マネジメント能力に加えて、経営能力や自分の部署を超えて他部署と連携する視点も伝わります。「視座が高い」「全社を俯瞰《ふかん》できる視点を持っている」という評価を得られます。

あなたのマネジメント能力の高さや実績を確かに伝えるために、部下や関わる人を可視化してください。

その一手間が、書類選考や転職エージェントとの面談で「伝わらないストレス」を和らげます。

summary

マネジメント経験で年収はぐっと上げられる
「部下まとめシート」でマネジメントの再現性を伝える
マネージャーを育てるマネージャーは希少な存在である

第4章

「転職エージェントガチャ」を回避する方法

4
01

転職エージェントが、支援したくなる人、後回しにする人

100名の転職希望者を抱える、転職エージェントの「本音」

忙しいあなたに代わってピッタリの求人を運び、履歴書・職務経歴書を添削し、面接の対策を立ててくれる。転職エージェントは、あなたの転職の強い味方です。

しかし、「転職エージェントが冷たい」という相談がキャリア支援の現場に届いていることをご存じでしょうか？　「面談があっさりしていて、相談できない」「大量に求人が送られてくるだけで、何のサポートもない」と、ガッカリしている人がいるのです。

なぜ、このようなことが起きるのでしょうか？　おかしいですよね。

安心してください。「転職エージェントが冷たい原因」は、あなたにあるわけではありません。転職エージェントが抱える求職者が多すぎるのです。

大手の転職エージェントほど、一人が担当する転職希望者が多く、その数は１００人を超えるケースもあります。「そんなに多かったら、全員を同じ熱量で相手にするのなんて無理じゃない？」と思われるかもしれません。その通りです。どんな転職エージェントでも「優先順位」をつけます。厳しい言い方をすれば「選別」です。

では、転職エージェントはどんな人を優先するのか？　その基準の一つが、本気で転職する意思です。

もしかして、「転職エージェントは、とりあえず登録」と、考えていませんか？

確かに、そう促す情報をよく目にします。転職者のほとんどはそう考えているはずです。ちょっと待ってください。転職エージェントも人間であり、ボランティアではなくビジネスとして活動しています。「転職する意思の固い人」と「転職も考えていますよ」とボンヤリした人がいたら、どちらを熱心に支援したくなるかは火を見るよりも明らかです。

それに、私は転職エージェントを育成する立場にあるので、転職エージェントからよくこんな悩みをいただきます。「一緒に職務経歴書を書き、面接練習の相手をし、ようやく内定が出たところで『やっぱり現職に残ります』と言われると、徒労感がすごい。顧客企業にも怒られて散々ですよ……」。

この不安を先に払拭《ふっしょく》してあげるだけで、転職エージェントはあなたの期待通りの動きを見せるようになります。

「転職するかどうか、迷われていてもいいので、ご相談ください」と話す転職エージェントもいます。実際に手厚く相談に乗ってくれる人もいます。

ただし残念ながら、普通に転職エージェントに登録するだけでキャリア相談に乗り、最高の求人を運んできてくれて、面接の対策支援もしてくれる天使のようなエージェントと出会える可能性はほぼゼロです。「宝くじで1億円稼ぐ人生戦略」くらいの夢物語だと考えてください。

転職エージェントに「本気で転職します」と宣言した人から、ラクに結果を出せる転職活動が始まります。二人分以上の力で進められるのですから。

❖転職エージェントを「最高のパートナー」に変えるには？

いい企業が見つかれば転職したいけど、まだわからないよ……。本気の決意と言われても、こうした本音の人がほとんどかもしれません。

それでＯＫです。転職エージェントがビジネスなら、転職を検討しているあなたにとってもビジネスです。**ややずるく思われてしまいますが、本音はさておき「転職活動を本気で進める意思」が転職エージェントに伝わればＯＫなのです。**これで、「この人にならば最高の求人を案内しても大丈夫だ」と思わせることが大事なのです。

自分で探さなくても最高の求人を運んでくれる、応募書類を代筆してくれることもある、面接には「こう話してください」とあなただけの対策を立ててくれる……。転職エージェントを最高のパートナーにすることで、転職のストレスがゼロに近づきます。

この章では転職エージェントに特別待遇を受けられるコツをすべて公開します。

私自身、転職エージェントとして働いていました。退職学の研究家として活動を始めてからは、転職の相談に乗るかたわら、転職エージェントの育成もしています。

その経験から申し上げると、転職エージェントが本気になるきっかけは、みなさんが「そんなこと？」と思うほどシンプルです。だからこそ、「みんなやらない」のです。

「転職エージェントへの登録」を少しだけ工夫するのです。

では、具体的にどうやって登録するのか？　見ていきましょう。

❖転職エージェントを本気にさせる「登録のひと言」

そもそも、「登録段階で本気かどうかなんて伝わるの？」と思われるかもしれません。大丈夫です。伝わります。

「登録」には、二種類あります。一つ目は登録画面に従った「普通の登録」です。二つ目は転職活動を進める意思を伝える「本気の登録」です。

「普通の登録」と「本気の登録」は、何が違うのでしょう。それは、ちょっとしたひと言です。

登録ページに「備考欄」や「自由記入欄」があるでしょうか？　なければ、登録を求められるであろう履歴書の「備考欄」の中が使えます。職務経歴書の「職務概要欄」の上に一行足すこともできます。**「転職する意思が固まりましたので、登録しました」と、ひと言添えましょう。**

たったこの一文で、転職エージェントの「この人と最高の企業の橋渡しになろう」というプロ意識に火がつきます。

「いつまでに転職したいのか」も入れましょう。転職の本気度をダメ押しできます。「そんなに細かく決まってないですよ」という場合でもＯＫです。**転職活動の平均的な活動期間である「3・5カ月」を目安に使いましょう。**伝える転職希望期間が短すぎても長すぎても、転職エージェントは本気になりづらいからです。

「来月には転職したい」ですと、「とりあえず入社させて、すぐ退職しないように3

カ月くらいフォローしよう。とりあえず、企業から紹介手数料を満額取れればいいか」と考える悪魔の転職エージェントの食い物にされます。

一方で、「1年後には転職したいです」だと「気が変わりそうだな」と思われて、あなたの意思が尊重されません。3・5カ月を想定すればOKです。


登録段階での目的は、転職エージェントにあなたの転職意思の強さを理解してもらい、ピッタリの求人を運んでくる特別待遇を受けることです。

知っていれば、誰にでもできる工夫なのに、ほとんどの人がやっていません。ひと工夫で転職活動がハードになるかラクになるか明暗が分かれるのに、です。

ですから、登録といった一見すると小さなコミュニケーションにも思いを込めてください。転職エージェントはあなたの分身。影武者として利用できるのです。

ベストは、第3章で紹介した資料「上司リファレンス」「顧客リファレンス」「仕事の資料まとめ」「自分大全」「部下まとめシート」などを、登録の段階で共有しておくことです。

しかし、「登録段階で、そこまでは用意できる時間がない」と感じたら、それはそれで大丈夫です。

まずは本気の姿勢だけでも示してください。ほとんどの転職希望者はしないひと工夫をすることで、転職エージェントがあなたを特別待遇するために動き出します。

summary

転職エージェントに、本気の姿勢を見せる

本音がどうであれ、転職の本気度が伝わることが重要だと考える

備考欄に「転職すると決意しました」のひと言を添える

「3・5ヵ月以内に転職したい」のひと言で本気度をダメ押しする

4
02

求職者の四つのレベルとは？

❖「最優先の求職者」になる方法

すべての転職エージェントは、キャリアで困っているすべての求職者と平等に仕事すべし。というのは理想ですが、転職エージェントも人間です。**仕事がやりやすい人とのやり取りを優先してしまうのは人情でしょう。**

そんな転職エージェントにとっての「最優先の求職者」になれば、特別待遇してもらえる。では、そんな求職者になるためにはどうすればいいのでしょうか。

求職者を四つのレベルに分けて説明します。

■ 求職者の四つのレベル

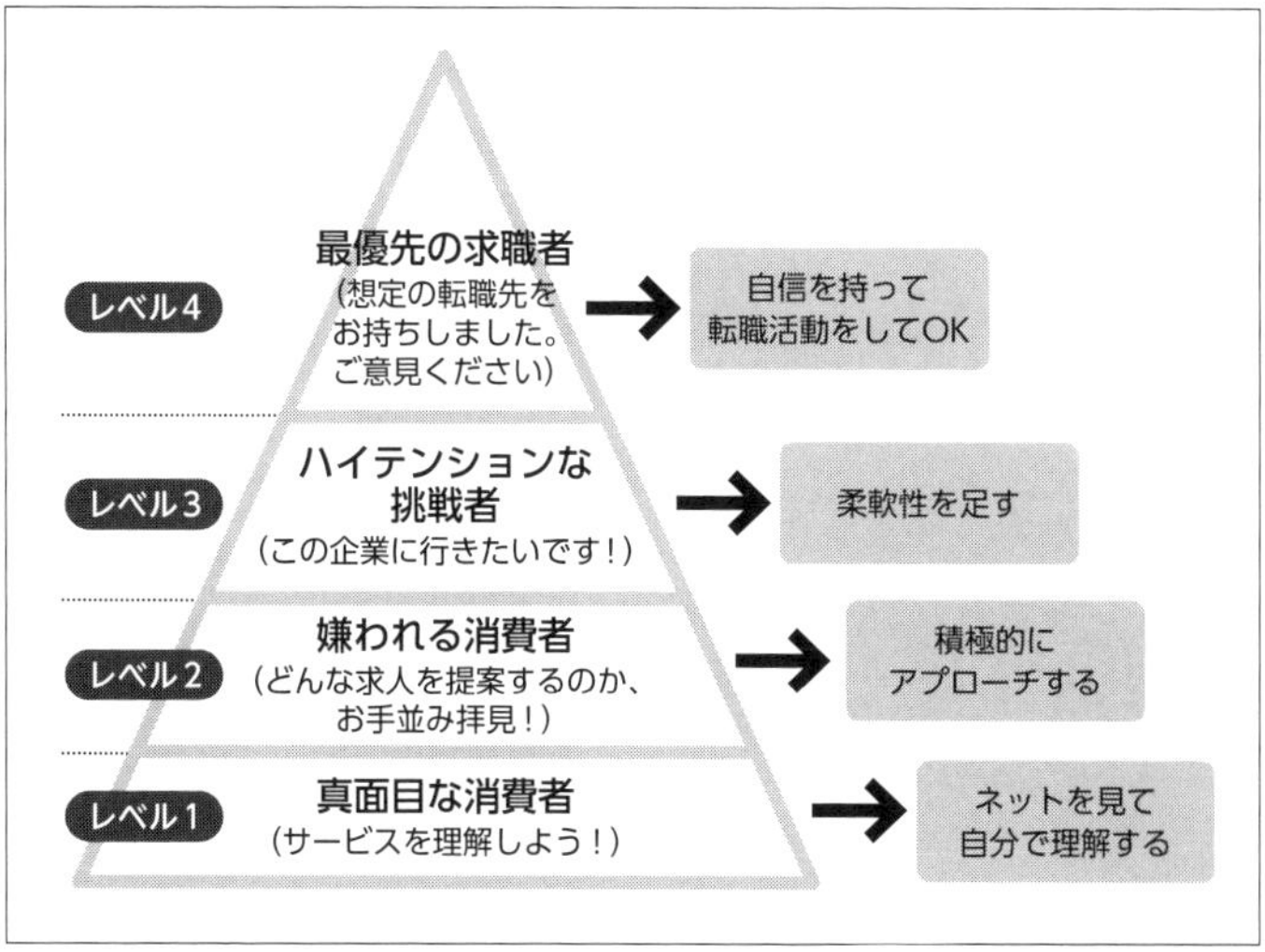

ほとんどの人がレベル１の「真面目な消費者」。転職エージェントを初めて利用し、サービスの概要を知らない人々です。

こうした方々にも利用しやすいよう、転職エージェントは最初の面談で事業やサービスを丁寧に説明しますが、内容はＨＰを読めばわかります。

最初にひと言、「ＨＰを読んで御社のサービス概要はよく理解できました。わかりやすく発信してくださってありがとうございます。サービス説明は結構ですので、具体的なお話をさせていただけますか？」と伝えましょう。

❖レベル4の求職者が持つ「二つの要素」

問題は、レベル2の人々。転職エージェントの仕組みを知っているからこそ、驕《おご》りが出る「嫌われる消費者」です。「で、私にはどんな求人を持ってきてくれるの？」といった態度を取りがちなので、転職エージェントから嫌われて損をしてしまいます。

せっかく仕組みを知っているのですから、自分から積極的に転職エージェントにアプローチしてOKです。

「私は●●な求人を探しています。未経験の業種の求人も見つけたいのですが、何かアイデアはないですか？」といった具合に質問すると、転職エージェントはあなたのために熱心に動き始めます。

レベル3の「ハイテンションな挑戦者」は積極性があり、転職活動がどんどん進んでいきます。積極性が「独りよがり」にならないよう、転職エージェントにアドバイスを求めながら進めれば、鬼に金棒です。

積極性を持ち、聞く力を備えた先にあるのが、レベル４の「最優先の求職者」です。転職エージェントにとって「この求人を紹介してみようかな」「面接前にアドバイスしよう」と積極的に提案できるので、自然とあなたを特別待遇したくなります。

転職エージェントは、自分とのコミュニケーションの取り方から、企業と求職者の相性を推測しています。本書を通じてレベル４に近づき、転職活動をサクサク進めてみませんか？

summary

仕事をしやすい人になると、転職エージェントが贔屓《ひいき》してくれる

転職エージェントがアドバイスしたくなる求職者が特別待遇を受ける

4
03
初回の面談を有意義にする「ゴール設定」

❖面談の3日前にメールで課題を共有

転職者とエージェントの最初の面談で行われるのは、たいていエージェントの会社とサービスの説明。そして、転職者の仕事内容と希望する会社のヒアリングです。

ですが、まどろっこしいやり取りは省略して、「私にピッタリの企業はどこにあるのか？」「どうすればいい企業の内定を取れるのか？」といった本題に入れます。

最初の面談を有意義な時間にする方法。それは面談のゴールを設定することです。

相談者さんにこう伝えると「転職エージェントがすることでは？」と驚かれます。

もちろん、優秀な担当者は自分からゴールを設定します。

しかし、それでは運任せです。転職エージェントはいわば高性能の飛行機。目的地に高速で連れて行ってくれますが、操縦席に座るパイロットはあなたなのです。ゴール設定さえ終えれば、転職エージェントを「忙しい私の代わりにピッタリの企業を見つけ、魅力を伝えてくれるパートナー」に変えられます。

ですから、転職エージェントとの面談のゴール設定は、遠回りなようで結局は一番の近道なのです。

では、最初の面談でどんなゴールを設定するのか？ **それは、「転職活動の初期に応募する企業の決定」と、履歴書・職務経歴書へのアドバイスをもらうことです。**

「初回面談から、そんなハイスピードで進むの？」と思われましたか？

進みます。実は、「最優先の求職者」は、面談前に先手を打っているのです。

具体的には、初回面談の3日前に事前メールを送っています。**事前にメールで課題を共有し、面談当日にピッタリの求人を持ってきてもらうのです。**たったこれだけの準備で、今後の転職活動があなたに有利なように動き出します。

ちなみに、この事前メールを送っていた相談者さんは、1・5カ月でサクサクっと自分に合う職場に転職しました。スタートでつけた差は、最後まであなたに味方をします。

❖志望企業にアタリをつける「転職希望シート」

では、どんな内容のメールを送っていたのか？　メールに書いた内容は「面談当日のゴール」「議題」「たたき台」「不要な項目」「リクエスト」の五つ。

応用編として、「転職希望シート」「エージェント実績表」の二つを添付します。

私が相談者さんと実際に作って送ったメールはこちらです。

一つずつ、説明させてください。

まず、面談当日のゴールは志望企業を決めることです。準備のコツを知ることで最初の面談で志望企業を決められます。

たたき台である「転職希望シート」を使います。ある程度は、具体的に希望する企

～～～様

お世話になっております。
●●です。

３日後の面談のための議題を考えました。
ご確認いただけますと幸いです。
―-------------------------------------

●ゴール
・具体的に応募する企業の決定

●議題
・書類選考通過のための履歴書、職務経歴書へのアドバイス、編集・
（時間があれば）応募した企業の面接の想定質問とおすすめの返答

●たたき台
転職希望シート（添付ファイル）

●不要な項目（既にHPで学ばせていただきました）
・御社の説明
・転職サービスの説明

●リクエスト
・「～～～様が転職成功に導いた企業と職種一覧」の記入
（添付ファイル）・現時点でのおすすめ求人一覧
―-------------------------------------

自分で考えたものであり、限界を感じました。
当日はご指導いただけますと幸いです。

どうぞよろしくお願いいたします。

佐野

■ 転職希望シート

グループ	企業の特徴	No.	社名（一例）	
A	独自の技術を持っている	1	●×システム株式会社	https 〜〜〜〜〜
		2	株式会社●●	https 〜〜〜〜〜
		3	技術●△株式会社	https 〜〜〜〜〜
B	社会貢献性が高い事業を展開している	4	ソーシャルＡＢＣ株式会社	https 〜〜〜〜〜
		5	産業●●株式会社	https 〜〜〜〜〜
		6	●●ＪＡＰＡＮ株式会社	https 〜〜〜〜〜
C	新規事業に携われる	7	ネクスト●●株式会社	https 〜〜〜〜〜
		8	●×ボーダレス株式会社	https 〜〜〜〜〜
		9	ソリューション●■株式会社	https 〜〜〜〜〜

業をイメージしておくのです。

もちろん、60％くらいの完成度でＯＫです。あくまでも、ざっくりと「内定が出たら行きたい企業」を10社ほど列挙し、その共通点をグループＡ〜Ｃにまとめます。実際に相談者さんと作ったものも、これくらい大まかです。

このシートの目的は、「私は本気で転職活動をします。あなたも本気を出してください」と転職エージェントに火をつけることです。「この企業しか応募しません」と受け取られないように「たたき台としてお持ちしました」というひと言を添えましょう。

❖あなたがすべき「二つのリクエスト」

「議題」は面談当日に話し合いたい内容を指します。具体的には、「履歴書・職務経歴書へのアドバイス」をもらいます。

もし、志望企業も決まっていて時間的に余裕があれば、「応募する企業の想定質問とお勧めの返答のヒアリング」まで行きましょう。ただ、無理はしなくてＯＫです。不要な項目は、エージェントの会社とサービスの説明など。一人でゆっくりＨＰを見たほうが理解も早いでしょう。

最後に、面談の最後に二つのリクエストをつけます。

一つは転職エージェントに、転職を成功させた「転職エージェント実績表」を提出してもらうことです。

「エージェントに、そんなリクエストなんてしていいの？」と相談者さんにもよく聞

■ 転職エージェント実績表

No.	入社年	入社日	企業名	職種名	年齢	簡単な経歴
1						
2						
3						
4						
5						
6						
7						
8						
9						
10						

かれますが、もちろんしてよいです。人生のかかった転職なのですから、実力者とパートナーを組みたいでしょう。

あなたは個人情報をすべて明け渡しているのですから、遠慮する必要はありません。これで転職者を特定できるような表ではないので、「個人情報のため開示できません」と言われても反論できます。

ケンカ腰になる必要はありませんが、強気でOKです。私の知り合いの長年トップを走り続けている転職エージェントは、自分の履歴書と職務経歴書を求職者に開示しています。「信頼してほしいから先に情報を出しているだけ」とのことです。

ある転職エージェントは「形式は違いますが3年分のまとめです」と送ってくれました。「データではお送りできませんが、当日に口頭でお伝えします」と連絡をくれた担当者もいます。

二つ目のリクエストは「お勧めの求人一覧を当日持ってきてください」とお願いすることです。 実績のある転職エージェントは必ず、他の転職エージェントや転職サイト経由で求人が埋まることを意識して動きます。

一方で経験が浅い場合は、当日話を聞いてから探そうとします。これでは遅いのです。私が転職エージェントの育成をする時は、この「スピードの大切さ」を必ずお伝えしています。

余談ですが、目利きの転職エージェントほど書類を見るだけで「この辺りの企業が転職先になる」と仮説を立て、求人票を事前に探します。

転職市場は、「先週までは募集していましたが、終了しました」ということがよく起きる、タッチの差で決まる競争の世界なのです……。

❖ダメ押しのひと言で、転職のプロのアドバイスを引き出す

「ここまで明確なら、自分で応募すればいいのでは？」と思われるくらいの積極性を見せてかまいません。しかし、最後は柔軟な姿勢を示したほうがあなたは得をします。

「ここまではできましたが、やっぱり転職活動に関してはわからないことだらけです。●●さんのプロのアドバイスをいただけますか？」といった具合に、転職エージェントに助言を求めるのです。

「あざといし、計画的すぎて逆に怪しまれそう……」とためらうかもしれませんが、心配いりません。むしろ必要です。いわば、これは「ダメ押し」なのですから。

あなたは、面談で顔を合わせる前から「あの人は積極的な求職者だ」という評判を得ています。転職エージェントが「この人のために頑張りたい」と思う準備は整って

いるのです。

summary

面談の3日前にメールで課題を共有する
初回面談のゴールは応募企業の決定と書類へのアドバイス
転職希望シートに、ざっくりとした志望企業を10社ほど書く
転職エージェントに支援実績を教えてもらおう
お勧めの求人一覧をもらおう
メールの最後で転職エージェントに助言を求める

4
04

転職エージェント「ガチャ」から抜け出す方法

❖成功確率を上げる「逆指名のひと言」

転職エージェントは、担当者によって実力に大きな差があります。

検索して上位に表示される「大手の転職エージェントなら安心」と思われていますが、担当者によってかなり対応が違います。

今後の人生を左右するパートナーなら、優秀な人に担当してもらいたい。しかし残念ながら「上司ガチャ」や「部下ガチャ」と同様に、転職エージェントも「どんな人が担当するか」は、ほとんど運次第です。

とはいえ、あなたの大事な転職活動を「ガチャだから仕方がない」のひと言で終わらせるわけにはいきません。少しでも優秀な担当者を引く方法はないでしょうか……？

あります。とっておきの「逆指名のひと言」をお伝えします。

転職エージェントのサイトを開いてみてください。「転職エージェントの紹介ページ」はありますでしょうか？　企業の価値観にもよりますが、求職者から信頼を得るために、最近はＨＰに担当者の簡単なプロフィールやメッセージを掲載することが増えました。

もし、あなたがＩＴ業界で営業をしているなら、その業界に近い職種を生業《なりわい》としている転職エージェントを探してみてください。何人か該当する方がいるはずです。

その方たちのメッセージや経歴、転職を成功させた実績を見て「担当してもらいたいエージェント」を決めてください。

そして、登録の際に理由を添えて指名します。

「●●さんの経歴を拝見し、ぜひご担当いただきたいと思って登録しました」

「●●さんの××のメッセージに感銘を受けました。ご担当いただけないでしょうか？」

「転職エージェントなら誰でもいいわけではなく、あなたがいいんです」と指名するのです。

実践した相談者さんの7割は、担当を指名できました。

もちろん、絶対ではありません。それでも、やる価値はあります。なぜなら、仮に別の担当者になっても、特別待遇を受ける可能性がグッと上がるからです。転職エージェント全体に「あの人は本気だ」という雰囲気が伝わります。

それによって、「面接対策をしてほしい」「企業分析を手伝ってほしい」といった今後のリクエストが通りやすくなります。

確かに、転職エージェントには、わかりやすい経歴を持っている「転職させやすい人を優先する」ビジネスの合理性が働きます。だからといって、ただの冷血なロボットではありません。

あなたが転職活動に本気なように、あなたと最高の職場をつなげることに情熱を注ぐ転職エージェントは数多くいるのです。

私の知り合いの転職エージェントは、こう言っています。

「履歴書と職務経歴書を預かる。それは、人生を預けていただいているようなもの」と。
ここまで真剣な転職エージェントも確かにいます。

「たかだか登録」だとほとんどの人は考えています。ですが、**本気のあなたにとっては、転職エージェントへの登録は人間と人間が出会う最初の瞬間です。**

登録を完了する前に「本気さが伝わるか」「指名はできているか」。あなたの本気の転職に相応しいスタートになっているかを確認してください。

転職エージェントの特別待遇は、登録段階から始まります。

summary

転職エージェントは、逆指名できる
逆指名することで、本気度を伝える

4 05 転職エージェントのレベルを見抜く「カンタンな質問」

❖転職エージェントで「信頼していい人」「距離を置くべき人」

逆指名のひと言で、「転職エージェントって、こっちから指名していいんだ！」と初めて気づいた方もいらっしゃるかと思います。

では、もう一つだけ誰も使っていないテクニックを紹介します。あなたを担当する転職エージェントが、あなたの「パートナーとして相応しいか」を見抜くのです。

転職エージェントへのシンプルな質問で、「信頼していいエージェント」と「距離を置くべきエージェント」を炙り出すことができます。

それは、「誰からヒアリングしてこの求人票を作りましたか？」という質問です。

次の図を見てください。転職エージェントのレベルは「誰にヒアリングしているか」

■ 転職エージェントを見抜く「カンタンな質問」

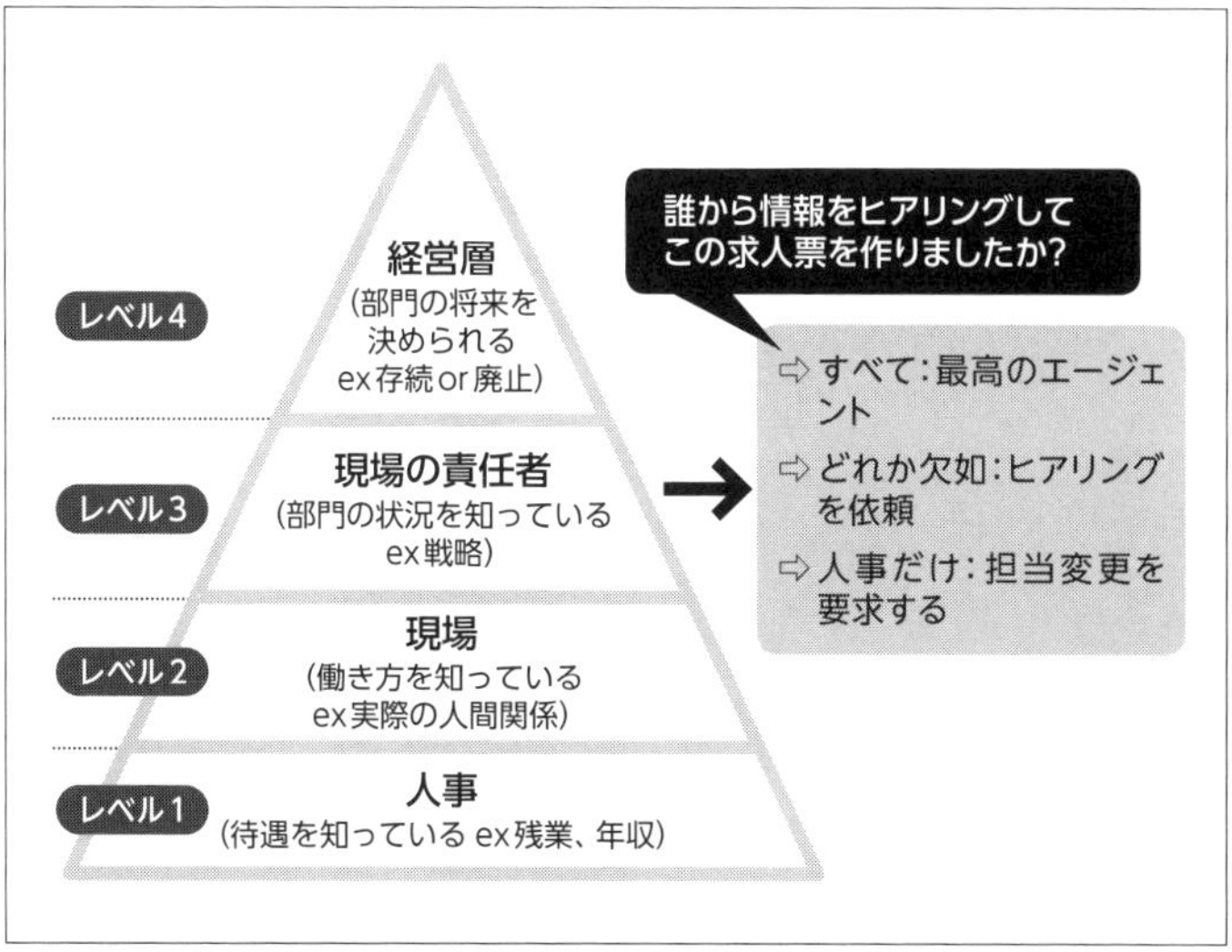

の4階層でレベル分けできます。
レベル1〜4までヒアリングしていたら、その転職エージェントはあなたのパートナーとして相応しい人物です。少なくとも「その求人に関しては」正確な情報を持っていると判断できます。あなたのさまざまな質問や疑問に的確に答えてくれるでしょう。

ところで、図で記したレベル1と2両方の情報が求人票に入っているかどうか、これだけは転職エージェントにあなた自身も確かめてください。どんなに優良企業と評判でも、志望度が高くても、です。

なぜなら、その企業が人事と現場の連携が取れているかがわかる指標となるからです。人事と現場の連携がよく取れた企業の求人票には、人数やチーム構成、詳しい業務内容などが書いてあります。一方で、連携が拙《つたな》い企業の求人票には「●●の経験年数5年以上」「●●に関わる一連の業務」などざっくりした応募要件や仕事内容しか書かれていません。つまり、「求人票と実際の職場が全然違う危険性」があるのです。

本来は、こうした人事と現場の情報格差を埋めるために、目利きの転職エージェントは人事だけでなく現場にヒアリングをかけるのです。現場の社員は、その仕事の実態や平均的な待遇(実際の残業時間や有休取得のしやすさなど)を知っていますから。

あなたから、転職エージェントに「求人票にはこう書かれていますが、現場の社員は何と言っていましたか?」などと質問してみてください。

すると、目利きの転職エージェントは、「求人票にはこう書いていますけど、実際には~」といった「文字で読んでもイメージしにくい会社の本当の姿」を教えてくれます。質問に答えられない転職エージェントの実力は推《お》して知るべし、です。

❖入社前の期待度がわかる「内定後のリクエスト」

転職エージェントも、レベル3の現場の責任者やレベル4の経営層にヒアリングしたくてもできないケースがあります。

たとえば、大企業です。もしくは、レベル2の現場担当者に大きな裁量権を持たせていたり、部門そのものに採用の決裁権限を持たせていたりする会社なども該当します。仮にそうした企業を志望する場合は、内定を取った後に「部門長と経営層に話をさせてください」と打診してみてください。求人票の情報はリアルではないかもしれない。面接での印象は緊張していて不確かかもしれない。ですから「内定を取って落ち着いた自分」で、入社するかもしれない企業を見極めてほしいのです。

タイミングは「内定を取った後」。内定後のあなたになら、企業はリクエストに答えやすいからです。転職エージェントに「話をさせてください」とリクエストすれば、「入社する可能性が高いからもうひと頑張りしよう」と動き出します。

もちろん、大企業になるほどリクエストが通らない場合もあります。それでもリクエストする価値はあります。企業や転職エージェントの反応が、企業選びの大切な一次情報になるからです。

リクエストした時に、企業や転職エージェントは、「代わりに現場のリーダーと話す機会を設けさせていただいても、よろしいですか?」などと逆提案をしてくれるのか。「うちは、そういうことはしません」という素《そ》っ気《け》ない対応なのか。

前者なら、あなたは期待されている可能性がありますし、一人ひとりを大切にする社風が根づいている可能性が高いこともわかります。

後者ならあなたへの期待は薄いのかもしれません。残念ながら、「取りあえず内定を出して、入社後にふるい落とそう」と考えている企業もあるくらいなのです。

いい企業の定義はシンプル。あなたを高く評価できる企業です。

実際に、このリクエストで経営層と話ができた相談者さんは数多くいます。信じられないことに、その経営層は求人票を見ながら「ここに書いてあることは古い」と断言し、部門長と現場担当者に面談の場で確認を入れていました。その場で訂正と謝罪、改めて求人内容の説明がありました。相談者さんは入社後も活躍しているから良かったのですが、もし入社後に「あの求人票は古いですよ」なんて言われたら……（実際にそれで早期退職するケースもあります）。

ちなみに、「レベル０」の転職エージェントもいます。「前任者から引き継いだままの求人票です」「入社実績もあるので正確な情報です」と話す担当者には気をつけましょう。人事にも現場にもヒアリングしていないことと同義だからです。仮に「正確な情報ですよ、実際に入社していますから」と言われても、立ち止まってください。

情報は最新であることに価値があります。求人票は刺身です。生の魚は１時間、１日と時間が経てば鮮度が落ちるように、求人票も時間とともに信頼性が落ちます。

会社も事業も、働く人の価値観や人そのものも変わります。あなたに相応しい目利きの転職エージェントは常に「最新情報を持っている」のです。

summary

ヒアリングした相手で転職エージェントの信頼度をチェック
内定後、企業にリクエストしてみると、自分への期待度がわかる
求人票は「最新情報」が命。古い情報で入社を決めない

4
06

クレーマーにならずに担当者を代えるリクエスト

❖担当者を代えるリクエストをする権利は、当然持っている

ある日、相談者さんからの依頼メールに、こんな一文が書かれていました。

「転職エージェントの担当者って、代えられないんですか?」

結論から言えば、代えられます。当然の権利です。

転職エージェントも求職者も、人と人。水が合わないこともあります。ですが、それ以前の問題、というケースもあるのです。

たとえば、希望とズレている求人が送られてきて「なぜ、この求人を紹介してきたのか理由を説明してほしい」と伝えても、「●●さんに合っていると思ったからです」

という説明になっていない返事をされる。面接に苦手意識があるから「面接対策をしてほしい」とリクエストしたところ、「熱意を伝えれば受かりますよ」などと丸投げされた。

すぐに担当者の変更に踏み切りましょう。

そうはいっても、「面倒な求職者」「クレーマー」とレッテルを貼られるのは避けたいところです。あなたの本来の姿ではありません。

面倒な求職者と思われず、「この人のために頑張ろう」と真摯に考えてくれる担当者に交代させるコツがあります。

❖「交代リクエストメール」の三つのポイント

実際にＷｅｂディレクターの相談者さんと私が一緒に作り、優秀な担当者の交代を実現したメールを公開します。

このメールによってそれまでの担当者からは、慌てて電話が来ました。相談者さんは「確かに気持ちのこもった謝罪はいただきました。でも、具体的な改善策はないと

ご担当者様

いつもお世話になっております。
●●様にご担当いただいている××と申します。

下記の理由から「担当者の変更」をお願いしたく、
メールを差し上げました。
ーーーーーーーーーー
1 希望とずれた求人が紹介される
2 電話の折り返しがない、メールの返事が２日以上待たされることが３回ある
3 紹介した理由を質問しても「未経験歓迎だから」などわかりにくい
4 面接のポイントを質問しても「具体的に話す」「熱意を込める」など要領を得ない
ーーーーーーーーーー
改めて私が希望する企業の特徴を記載します。
これらの企業の内定を取った求職者様をサポートした実績のあるご担当者様を、紹介いただけますと幸いです。
ーーーーーーーーーー
1 規律よりも多様性重視の組織（男女比率が近い、中途採用比率が高いなど）
2 独自の技術やサービスなど、競争優位性のある組織
3 客先常駐や受託ではなく、社内の仲間と働ける環境

私は今回の転職は最後のチャンスだと思って臨んでいます。
だからこそ、●●に強みのある貴社を選ばせていただきました。

また、私は転職エージェント様とのお付き合いの仕方に慣れておりません。
私のほうにも至らぬ点があったかと思います。
次のご担当者様には、ご指導いただければ幸いです。

お手数おかけいたしますが、ご検討くださいませ。
どうぞよろしくお願いいたします。

●●●

感じました」と厳しく判断しました。

最終的には「精神論は私には合いません。交代をお願いします」と毅然《きぜん》とした態度でお伝えしました。次の担当者は淡々と仕事を進めるタイプの人で、転職活動は３カ月で決着しました。自分を押し殺さず、先に動いたことが功を奏した例です。

メールを送る際の大きなポイントは、三つ。「希望する企業の特徴」「必ず転職するという決意」「自分にも改善する気持ちがあること」です。

「いつでも交代できる」というカードを持っていることに気づけば、担当者との関係におけるストレスは軽減できるはず。「交代の切り札」は心が落ち着くお守りとして、ぜひ持っておいてください。

summary

転職エージェントは代えていい。当然の権利である交代リクエストメールは、「企業の特徴」「決意」「改善の意思」を意識

4
07

面接で「よく聞かれる質問」と「お勧めの回答」を手に入れる方法

❖面接3日前までに、「面接の赤本」を手に入れよう

面接に答えがあるなら教えてほしい――。よく、多くの相談者さんからこう聞かれます。そんな時、私は次のようにお伝えしています。

「転職エージェントに『面接の赤本』をもらってください」。つまり「想定質問」と「お勧めの回答」です。面接の赤本はあなたが100％の力を出し切るために自信と余裕を与えてくれるお守りです。最大の価値はここにあります。

優秀な転職エージェントは過去に担当した求職者から、「面接で何を聞かれたか?」「どう答えたのか?」をヒアリング調査しています。「こうした回答をした人は、内定を取りやすい」と分析し、傾向と対策を練っています。

転職エージェントの調査の結晶である「面接の赤本」は、面接の３日前には必ずもらってください。中には「面接の赤本」をもとに、具体的な面接戦略を練ってくれる転職エージェントもいます。たとえば、次のようなイメージです。

「一次面接の人事には『社風共感型』でいきましょう。二次面接は現場の部長が出てくるので、仕事のやり方や入社後の目標を伝えることに集中します。最後は社長ですから、『御社で働きたいです』というやる気を最優先に打ち出してください。今はそうでなくても『第一志望です』と伝えてＯＫです。他社の選考状況も含め、細かな条件は私が調整するので安心してください」

面接の赤本さえあれば「面接でどう答えたらいいか」の見当がつき、あれこれ悩まず、伸び伸びと面接に臨めるようになるのです。

面接の赤本を持っていなかった場合は？

実は担当者だけでなく、転職エージェントの会社全体として「面接の赤本」を作る体制の企業もあります。その場合、仮に動きの遅い転職エージェントが担当でも、リクエストすることで先輩や同僚エージェントから情報をかき集めさせることができます。現に、私が育成を担当している転職エージェント企業の多くは取り組んでいますし、やっていなければ「会社全体として面接の赤本を作ってください」とアドバイスしています。

もし転職エージェントが赤本を持っていなければ、自分で転職エージェントに取材して、情報をまとめます。

その際、次のような表にまとめると情報を整理しやすいので、使ってみてください。私が担当する相談者さんの中には、転職エージェントとこの表を共有して、一緒に面接の赤本を作った人もいます。

❖あなただけの「傾向と対策」に意味がある

「一つひとつの企業に対して、労力をかけて赤本を作らなくても、世の中にはもっと

No.	カテゴリー	実際にされた質問	おすすめの回答例	控えたほうがいい回答例	質問の意図
1	自己紹介	弊社を知ったきっかけは何ですか？	専門誌を読んでいた時に「～～特集」で御社を知り、その技術力の高さに興味を持ちました。	転職エージェントに教えてもらいました	適当に面接に来ていないかどうかを確かめる
2		●●●	●●●	●●●	●●●
3		●●●	●●●	●●●	●●●
4	志望動機	弊社を志望してくださった理由は何ですか？	ビジョンの●●達成に向けて、私の●●な経験が貢献できるのではと思ったからです。	転職エージェントに教えてもらいました	適当に面接に来ていないかどうかを確かめる
5		●●●	●●●	●●●	●●●
6		●●●	●●●	●●●	●●●
7	入社後	どんなキャリアにしていきたいですか？	●年後にはマネジメントを任せていただけるよう、最初の●年は現場での経験に集中したいと考えています	御社に従います	自社のキャリアパスと齟齬がないか
8		●●●	●●●	●●●	●●●
9		●●●	●●●	●●●	●●●
10					

汎用性のある面接対策がある」。そう思われる方もいらっしゃるかもしれません。

確かに、世の中には「こう話したら内定した」というテンプレート解答案が出回っていますが、どうぞ受け流してください。

ちょっと面接官になったつもりで、どの企業でも聞かれる志望動機をテンプレート通りに話している自分を想像してみましょう。

どうでしょうか？　たとえ「こんなことを話してくれる人が、求める人物像にピッタリ」といった内容であったとしても、「どこかで聞いたことのある内容だな……」と思えば評価を下げたくなるはずです。

すぐに出てきた回答は取り繕ったものだと知っているから「2番目に注力した仕事は何ですか？」と追いかける面接官もいるくらいです。

面接官は「何でうちを知ってくれたんですか？」程度のアイスブレイクで聞いているかもしれません。反対に面接の終盤で聞いたらどうでしょうか？「本音の志望動機を教えてください」と考えているかもしれません。

中には「次の面接官に、本気度を伝えたいから聞いている」面接官もいます。この時は内容以上に「どういった話し方をしているか」に注目するでしょう。

面接官も「面接がうまい人と仕事ができる人は違う」ことを知っています。面接の回答の良し悪しは、生物《なまもの》です。どんなタイミングで、どんな空気の中で、そして「誰が」答えるかで、最高の回答にも最低の回答にもなります。テンプレに依存しなくても、あなたにぴったりの企業から内定オファーは集まります。

summary

転職エージェントから面接で「よくされる質問」と「お勧めの回答」をもらう
転職エージェントに聞いて、自分で転職の赤本を作る方法もある
面接対策本のテンプレート的な受け答えは、ばれる

4
08

えこひいきされる「面接後の報告術」

❖人は、「自分にとって得な人」を大切にする

転職エージェントがあなたの魅力や特徴を理解すればするほど、「この求人を待っていたんですよ！」というあなたにピッタリの求人が送られてくるようになります。「●●さんは書類選考はパスで面接からスタートできます」なんてオファーも。「転職活動を有利に進められている」とガッツポーズする回数が増えます。

もちろん転職エージェントもビジネス。「ここだけの話ですが〜」はセールストークの場合もあります。でも、あなたが信頼している転職エージェントからのオファーであれば、乗ってみるのも手でしょう。頑張って仕事をしてきたあなたには、「えこひいき」という特別ルートで最高の求人に出合う資格があります。

では、どうすれば「えこひいきされる特別な存在」になれるのでしょう？　**それは、転職エージェントにとっての「貴重なビジネスパートナー」になることです。**

あなたが転職エージェントから有益な情報がほしいように、転職エージェントもまた、あなたから他の求職者が内定を獲得する有益な情報が欲しいと考えています。

先ほどの「優秀な転職エージェントは、赤本のためにヒアリング調査している」という話を覚えていますでしょうか？　この事実を利用します。先に情報を提供することで、転職エージェントの仕事の手間を省《はぶ》くのです。といっても、「報告するだけ」です。

「えこひいきされる人」とはつまり、自分にとって「得する人」。あなた以外の他の求職者は、誰もやっていないことです。だからこそ、「えこひいきの権利」をあなたが独り占めできるのです。

❖面接後に「四つの報告」をしよう

「えこひいきされる人」は、面接後に必ず「四つの報告」をしています。

その四つとは、「誰が面接官か（部署と役職）」、「質問と回答の内容」、「志望意欲の変化と理由」「聞きたかったこと」。これを次の図に記入するだけで報告は完了です。

「誰が面接官か（部署と役職）」は、名刺をもらえばすぐわかります。ビデオ会議での面接なら、担当者が最初に名乗った時に手元のノートにさっとメモしておきましょう。ただし「写真で情報を送る」のは、やめましょう。個人情報の扱いが厳しくなっているからです。優秀な転職エージェントほどコンプライアンスの意識も高いので、記入せずに、口頭で伝えたほうがあなたの賢明さが伝わります。

「聞かれた質問」と「答えた内容」は正確に覚えていなくても問題ありません。ざっくりでOKです。シートを埋めているうちに思い出すこともあるので、順番などは気にしないで書いてください。

実はこのシートは、他の企業の面接を受ける際の復習用としても活用できます。「予想外の質問で、自分の意外な一面や本音に気づけた」などの発見もあります。こうした記録は、あなたが次回の面接でより多くの魅力を伝える手助けとなります。

	一次面接 （●月●日実施）	二次面接 （●月●日実施）	最終面接 （●月●日実施）
面接官	（1）一人目 ●部署：人事統括部中途採用担当 ●役職：リーダー （2）二人目 ●部署：人事統括部中途採用担当 ●役職：部長	（1）一人目 ●部署：Webメディアチーム ●役職：マネージャー	（1）一人目 ●部署 ●役職 副社長
質問と回答	Q 志望動機を教えてください	Q フォローやサポートはほぼしないですが、ついてこれますか？	Q フォローやサポートはほぼしないですが、ついてこれますか？
	A クライアントワークで活かした技術や経験を、1社に集中させてみたい	A 前職も個人プレーが多かったからついていける	A toB向けの制作が多く、コンテンツとビジネスのバランスがよく感じた
	Q 取材先とどう信頼関係を築いていきましたか？	Q SEO対策メインですが、モチベーションは保てますか？	Q Web制作会社が生き残るには何が必要だと思いますか？
	A これまでの記事をすべて拝見して「ここを意識します」「ここは気をつけます」と事前に先方の広報担当を通じて社長に共有してもらった	A 結果で判断されるのは当然だから、問題ない	A マーケティングやデザインなどの付加価値をつけること
	Q ●●●	Q ●●●	Q ●●●
	A ●●●	A ●●●	A ●●●
志望意欲の変化と理由	志望意欲の変化：上がった	志望意欲の変化：少し落ちた	志望意欲の変化：考えたい
	理由：自分の苦労や困難を高く評価してくれたように思う	理由：HPの印象よりかなり社風がハードに感じられた	理由：HPの印象よりかなり社風がハードに感じられた
聞きたかったこと	特にない	育成の仕組みや、チームワークの実態	キャリアパスがどうなっているのか知りたい
		現場社員が今の状態をどうなっているか知りたい	自分たちは他社との違いをどう作っていくつもりなのか

「志望意欲の変化」と「理由」も簡単でＯＫです。応募前よりも「上がった」「変わらない」「下がった」のどれかを選んでください。できれば、報告シートに理由を一言添えておきましょう。転職エージェントが質問して掘り下げてくれます。

「聞きたかったこと」とは、次回の面接で質問したい内容です。「入社してからこういった仕事や働き方はできるのか」「こんな部署には入れるのか」など、正直に書いてＯＫです。

転職エージェントが企業の担当者に聞いて答えてくれる場合もあります。内容によっては「その内容なら今は聞かないほうがいい」と判断してくれますし、「二次面接で聞いたほうがいい」といった具合に、質問する適切なタイミングも教えてくれます。

転職エージェントは、「本当は聞きたいけど企業に直接聞くのは気が引ける内容」を先回りして教えてくれる存在でもあるのです。

私の相談者さんは、この報告シートを実践して「本気さが伝わって、面接対策の回数が増えました」と教えてくれました。

もしも、あなたがここまでやってもそっけない対応であれば、転職エージェントの担当を変更するタイミングとも言えます。あなたの転職活動に相応しくないと思ったら、いつでも変更する権利をあなたは持っていることを思い出してください。

「面接後の報告術」でえこひいきされて、ラクに楽しく転職活動を進めてください。

楽しんでいる人ほど、いい結果で転職活動を終えられます。

summary

転職エージェントにとって得する人になる
面接後の報告シートで、復習する
ここまでして動かなければ、転職エージェントの交代リクエストをしてOK

4
09

転職エージェントとの「適切な距離感」

❖転職エージェントが、あなたを裏切る時

転職エージェントはあなたにピッタリの求人を運んできて、面接の赤本も用意してくれる。書類選考の時も面接の時も、文字だけでは伝わらないあなたの魅力を全力で伝えてくれて、求人票からはわからない企業の実情も教えてくれる――。

そんな天使のような転職エージェントも、味方ではいられなくなる時が訪れます。

それが「内定が出た瞬間」です。

あなたが念願の内定を手にしたその時、転職エージェントは「あなたの味方」から「企業の味方」に代わります。採用担当者に代わって、あなたが内定を受諾《じゅだく》して入社するように「口説き」始めるのです。内定が出た時こそ、本当に入社すべきかを相談した

いのに……。厳しすぎるようですが、この事実を覚えておいてください。

さて、転職エージェントはなぜ変わってしまうのか？　転職エージェント個人の人柄ではなく、仕組みがそうさせているのです。

ここで転職エージェントの仕組みをお伝えします。転職エージェントは、何によって売り上げを立てているでしょう？　あなたと一緒に応募書類を作り、求人を見つけて、面接対策をする。それでも、無料です。ボランティアのようなことができる理由は、企業から「紹介手数料」をもらっているからです。あなたが年収５００万円で転職したとしたら、その30〜35％（１５０〜１７５万円）をもらうことが業界の標準です。

また、職業安定法第三十二条の三②で、転職エージェントは求職者から手数料を受け取ることが禁止されています。

冷静に考えてみれば、売上のために頑張るのはどこの企業も同じ。仕組みを知っても、「だから転職エージェントは信用できない」とがっかりしなくても大丈夫です。

転職活動の始まりから終わりまで、ずっとは味方ではいられないけれども、目標を達成するために重要なパートナーとなり得る。これだけ頭に入れておけば、どのような距離感で転職エージェントと付き合っていくかは自ずと決まります。

転職エージェントはあくまで高性能の飛行機。目的地を知り、時には方向をガラっと変えられる機長はあなただけです。

❖内定が出ても「ちょっと待ってほしい」はあり

脅《おど》すようなことを申し上げてしまいましたが、どうか安心してください。

ひと昔前は急に「ここに内定受諾の判子を押してください」なんて迫るような転職エージェントがいましたが、今では絶滅危惧種です。

私の知り合いの優秀な転職エージェントの一人は「転職のサポートに期限はない」と考え、入社してから異動しても転職しても、連絡を取り続けています。

ここまで転職エージェントと信頼関係を築いてきたあなたは、転職エージェントを最後の最後までパートナーとして伴走させられる力をすでに持っています。

ダメ押しとして、信頼関係を壊さない「断り方」をお伝えします。

枕言葉として「●●さんだから正直にお伝えできるのですが」と挟んでから、正直

に断りたい理由を話しましょう。「事業の将来性が不安なんです」「働き方に懸念があって」と伝えます。

すると、転職エージェントは「確かにそれはそうだ」と思ったら、すぐに断ってくれます。「それは誤解かもしれない」と思ったら、あなたに相応しい優秀な担当者ほど、あなたの評価が落ちない形で企業にヒアリングし、追加情報をくれます。

転職エージェントが気にするのは、「企業側になんと伝えて断ろうか」という理由です。あなたが内定を断ること自体は、さほど気にしていません。気にする人は、自分の営業成績を気にしているだけ。あなたがエージェントの都合に合わせる義理はありません。断る理由や論理さえ伝えれば、信頼関係が崩れることはありません。

summary

内定後は、転職エージェントは入社するよう口説きにくる
断る時は、理由や論理をを説明すれば、何の問題もない

4/10 入社後の食い違いをなくす「3種類の面談リクエスト」

❖内定後は、強気に何でも聞いてOK

内定が出たからといって、即決できる人は多くありません。経験豊富な人ほど入社は慎重に考えます。

「本当にこの企業に入社していいのかな?」という不安が消える、とっておきの方法があります。内定取得後、転職エージェントに「3種類の面談リクエスト」をすることです。具体的には、人事とのオファー面談、一緒に働く人との現場面談、上司(評価する人)との現場面談です。

次の図で、それぞれ目的と必ず聞くべき質問を表にしましたので、ご覧ください。

<table>
<tr><th></th><th>誰と</th><th>目的</th></tr>
<tr><td>オファー面談</td><td>人事
（勤務条件に詳しい人）</td><td>勤務条件の認識の一致</td></tr>
<tr><td>現場面談A</td><td>一緒に働く人</td><td>仕事の仕方の確認</td></tr>
<tr><td>現場面談B</td><td>上司
（評価する人）</td><td>評価される人の確認</td></tr>
<tr><th>聞くべきこと</th><th>共通の注意点</th><th>注意点</th></tr>
<tr><td>●今回採用いただいた理由、期待されていることは何ですか？
●質疑応答をさせてください
（あなたが気になる有給取得率、残業時間、残業代の支給の仕方、リモートワークの有無、年間休日日数などの疑問を解消する）
●賞与の支給実績を教えてください</td><td rowspan="2">●「入社してすぐに成果を出すために、安心して働きたい。だから教えて欲しい」という「この人にしっかり説明すれば会社にとっていいことがあるんだな」と相手にメリットがあるような姿勢を取る
●「本当に大丈夫ですよね？」という疑いの姿勢で質問はしない。すると「面倒な人に内定出しちゃったな」「この人と働くの嫌だな」と入社してから周りの目が厳しくなる</td><td rowspan="2"></td></tr>
<tr><td>●入社して1ヵ月、3ヵ月、6ヵ月はどんな仕事をしてきましたか？
（自分はこう思っている、をセットで）</td></tr>
<tr><td>●転職してきた人で、活躍している人の共通点は何ですか？
●転職してきた人で、立ち上がりに苦労している人の共通点は何ですか？
●入社して1ヵ月、3ヵ月、6ヵ月はどんな仕事と成果を期待していますか？
（自分はこう思っている、をセットで）</td><td></td><td>●人事が作った求人票と現場が感じる求める人物像にはずれがある。一緒に働くのは現場。現場の感覚を優先する</td></tr>
</table>

「企業とはもう面接でたくさん話したので大丈夫です」と思っても、必ず「3種類の面談リクエスト」はしてください。

どれだけ「企業と求職者は対等な立場です」という建前《たてまえ》があっても、現実として内定か不合格かの決定権を握っているのは企業だけです。選考は対等ではないのです。

企業は、選考の間ずっと「この人を採用して大丈夫かな?」というテスト目線で評価しています。ですから、企業側から「聞かれていないこと」を求職者に伝えることはありません。たとえそれが、残業時間やここ数年の平均的なボーナス支給額といったあなたにとって大切な情報でも、です。

だからこそ、「内定を取った立場」、つまり仲間として迎え入れられる立場になって、もう一度企業を点検してほしいのです。

企業側も内定を出しているので、「面接では伝えられなかったことも、今なら伝えられる」と安心しています。

たとえば、「実際に残業時間はどれくらいですか?」といった面接では聞けなかった質問も、オファー面談で聞けば普通のコミュニケーションになるでしょう。

そこで嫌な顔をするような会社は、あなたの経験や能力を発揮できない会社です。内定を辞退しても何の問題もありません。

内定を出す決定権を握っているのは企業ですが、内定を受諾する主導権を握っているのは、間違いなくあなたです。

あなたの人生の主導権は、どんな時もあなたが握っています。

summary

内定後の面談では、残業時間や賞与の金額など、何を聞いてもOK

入社後のミスマッチを防ぐために「3種類の面談」を必ずリクエストしよう

内定は、辞退してもいい

4 11

「次の転職」でも、特別待遇される方法

❖内密に「非公開求人情報」をもらおう

転職活動が終われば、転職エージェントとの関係も終わり。一般的にそう考えられています。しかし、せっかく信頼を深めてきたのに少々もったいない気がします。

このまま転職エージェントとつながっておけば、今後また転職活動をする際、最高の求人を持ってきてくれる強い味方になってくれます。また一から初対面の担当者と転職活動を進める大きなストレスをゼロにできるのです。

しかも公開していない求人、つまり「特別枠」を紹介してくれることもあります。

営業職の相談者さんの例をご紹介しましょう。5年前に担当してもらった転職エー

ジェント経由で、「非公開求人情報」を紹介してもらい、入社したケースです。

その転職エージェントAさんは既に人材業界を離れ、事業開発の仕事をしていました。転職エージェントも異動や違う業界へ転職をします。人事になって採用側になるケースもあります。それでも優秀な転職エージェントほど、退職後も元の職場から「いい人、知らない？」と相談を受けているのです。

さて、すでに人材業界を離れたAさんでしたが、相談者さんから「また支援していただけますか？」と連絡を受けた際、「もう転職サポートはしていないのですが、知り合いが求人を出すと話していました。おつなぎいたしましょうか？」と打診したそうです（人材業界を離れてからも、人事や採用の知り合いが増えていたのだとか。優秀な証拠です）。

その求人こそが、転職エージェントにも紹介されておらず、転職サイトにも出していないポジションだったのです。

こうしたいわば「裏口転職」は、とても「おいしい」のです。ざっくばらんに話が聞けますし、採用費用をかけておらず「採用ハードルが少し下がっている」こともあり、内定を取りやすいからです。

転職活動でつながった人は、あなたの未来の応援団に変わります。転職エージェントとつながり続けておくことは、未来のあなたへの投資になるのです。

❖付き合い続けるべき転職エージェントの見分け方

付き合い続けたほうが得。とはいえ付き合い続けるべき転職エージェントもいれば、そのまま関係を自然消滅させたほうがいい転職エージェントもいます。ではその違い、どうやってわかるのでしょうか？

下の表をご覧ください。これはある大手の転職エージェントがＷｅｂサイトに公開している「紹介手数料の返金規定」です。

入社日から起算して１カ月以内で離職した場合	→	コンサルティングフィーの80%
入社日から起算して１カ月を超え３カ月以内で退職した場合	→	コンサルティングフィーの50%
入社日から起算して３カ月を超え６カ月以内で退職した場合	→	コンサルティングフィーの10%

つまり、転職エージェント会社が求人を出す企業に対して「うちが紹介して入社した人が●カ月以内に退職したら、紹介手数料の●％を返しますよ」という約束です。**多くの転職エージェントはこの規定に沿って、だいたい６カ月は入社後のサポートをします。この６カ月がポイントです。**６カ月以内を「短期」、６カ月以降を「長期」に分けて説明させていただきます。

まずは、短期の説明からです。一般的に転職エージェントは、担当した求職者の入社初日に「職場はどうでしたか？」と連絡をします。その時、「思っていた感じと違います」と話せば、相談に乗ってくれます。それは紹介手数料を返金したくないというビジネス上の本音もありながら、大半は自分が紹介して入社を決めた人に対する責任から対応しています。素直に話してＯＫです。

一方で、「とりあえず６カ月は続けましょう」などと言ってくる転職エージェントもいます。このアドバイスに具体性がなければ、第三者の意見を求めましょう。紹介手数料を返金したくない気持ちが強く、「何とか６か月は働かせたい」と思っているだけです。

次に長期です。入社後6カ月以降、つまり「紹介手数料の返金規定」の期限が切れてからです。これ以降も連絡し、転職エージェントからも返事が来るようであれば、その人はあなたのキャリアをずっと支え続けるパートナーとして認めてもOKです。

では、転職活動後も転職エージェントと良好な関係を保ち続け、「いい会社がありましたよ」と情報をもらっている人は何をしているのでしょうか？

答えはいたってシンプル。「連絡を取り続けること」です。

私の相談者さんから、教えてもらったケースをご紹介します。

相談者さんは、6カ月が経った時に「これからもご連絡したいので、SNSでご連絡してもいいですか？」と申し出たそうです。転職エージェントは驚いていたそうですが、「ここまで慕《した》ってくれる人はいなかったから、純粋に嬉しい」と喜んだとのこと。

実は転職エージェントも寂しい思いをしているのです。応募書類をほぼ代筆し、面接の練習を複数回し、年収交渉もし、入社までサポートした。でも「その後は一回も返事が来ない」なんてこともあります。転職エージェントも喜怒哀楽《きどあいらく》を持つ人間です。

「これだけ、やってあげたのになぁ」と愚痴《ぐち》の一つくらいこぼしたくなるでしょう。

相談者さんは、異動やチーム変更、昇進といったキャリアの転機があれば「●●さんが支援してくださったおかげで、経験を深める機会がまた巡ってきました」と伝えています。

悩み相談もしています。「またあの時の●●のようなアドバイスをいただけないでしょうか?」と連絡を取っています。もう付き合いは4年になっているそうです。

私自身、転職エージェントの経験があり、今では転職エージェントの育成を担《にな》っているからこそ、人材業界はキレイ事だけでは成り立たないことを理解しています。

それでも、素晴らしい転職エージェントとして活躍する人は、実際にいるのです。

転職という一点だけでなく、入社後、さらにはその後の職業人生という面でサポートしてくれるキャリアのプロがいます。あなたの担当者がそうかもしれません。

返金規定が終わる入社6ヵ月以降に、「ただの転職業者」なのか「キャリアのプロ」なのかがわかります。あなたに相応しい人物かどうか、長期的に見極めるためにこまめに連絡を取ってみてください。

summary

転職エージェントが信頼できる指標は、入社後6ヵ月
入社後も、転職エージェントと連絡を取り続けよう

第5章

緊張をゼロにする「面接の準備」

5 01 採用者のタイプがわかれば、面接ストレスはゼロになる

❖面接に「うまい返し」は必要ない

普段は自信をもって話せるのに、いざ面接となると緊張して何も話せなくなる――。緊張すると、どうしても自分の話し方にばかり意識が向いてしまいがちですが、面接は会話のキャッチボールです。相手が投げてきたボール（質問）をキャッチし、相手が取りやすい場所にボール（回答）を投げ返す。

ここで気の利いた回答はいりません。キャッチボールに、剛速球や魔球はいらないのです。いたってシンプルなやり取りです。つまりは「爪痕《つめあと》を残そうと気負わない。過度に優秀さをアピールする必要はない」ということです。

この原則を踏まえたうえで、どうすれば緊張しなくなるのかをお伝えするのが第5

章の役目ですが、答えは「準備をすること」です。

4-7で、面接の赤本を準備するとお話ししました。面接の赤本は、面接対策として非常に有効です。ただし、面接の「強力なお守り」はそれだけではありません。

面接官の性格を予《あらかじ》め知っておくことです。そうすれば、どんなタイプの面接官が出てきても、うろたえません。では、どんなタイプの面接官がいるのでしょうか。

❖「面接官の鏡になる戦略」とは

世の中には、さまざまなタイプの人間がいます。ですが、実は「面接官は四つの性格に分けることができる」と言ったら驚かれるでしょうか？

私は1000名近くの面接官のトレーニングに携わってきた経験を通じて、面接官のタイプや言動にはパターンがあることに気づきました。そのパターンを大別すると、四つになるのです。四つの性格が予めわかるだけで、どう振る舞えばいいかわからないストレスから解放されます。しかも、性格は四つなのに対策はただ一つです。

振る舞い方の一番のポイント、それは「面接官の鏡になること」です。それぞれの

■面接官の4タイプ

炎タイプ
＋……達成、成長、勝利
ー……怒り、焦り、強引
声・表情・ジェスチャー……大
話すスピード……速い

氷タイプ
＋……論理、根拠、数値
ー……批判、不動、無関心
声・表情・ジェスチャー……小
話すスピード……速い

祭りタイプ
＋……ムードメーカー、アイディア、ひらめき
ー……怠惰、落差、ルール軽視
声・表情・ジェスチャー……独特
話すスピード……緩急ある

森タイプ
＋……共感、ケア、一体感
ー……不安、孤独、優柔不断
声・表情・ジェスチャー……小
話すスピード……ゆっくり

タイプの声・表情・ジェスチャー・話し方に、できるだけ合わせるのです。

これは心理学で言うところの「類似性効果」「類似性バイアス」と呼ばれるものです。人は、自分と近しい特徴を持っている人を好意的に評価します。

たとえば、あなたが笑った時に相手も笑ってくれると「笑いのツボが近いな」と親近感が湧くことはないでしょうか？　反対にあなたが笑っているのにそっぽを向いている人がいたら、話しにくさを感じるはずです。

「面接官の鏡になること」で、「面接でどんな自分を出せばいいか迷う」

悩みがなくなり、しかも面接官に「私は御社と相性がいいですよ」と伝わります。
さて、面接官の性格は、みんながそうであるとは限りませんが、「炎・氷・祭り・森」の４タイプに分けられます。

●炎タイプは「数字を追いかけることが快楽の情熱家」。
●氷タイプは「すべて理詰めで考える論理派」。
●祭りタイプは「宴会で最も輝くユーモア全開のムードメーカー」。
●森タイプは「社員の駆け込み寺であり、聞き上手な仏」

では、具体的な対策を５-２から見ていきたいと思います。

summary

面接は「うまいことを言おう」と気負う必要はまったくない
「面接官の性格は四つだけ」と知ると、緊張がゼロになる
「類似性バイアス」を利用すると、面接は突破できる

5
02

4タイプの面接官対策

順を追って、面接官の特徴をお伝えします。

❖炎タイプに合わせた面接ポイント

炎タイプは情熱家。長所は数字や目標達成に邁進《まいしん》し、メンバーや企業の成長を自分のことのように喜び、競合他社に勝つことに意義を感じます。

「よくやった！　でももっとできる！　次は200％達成を目指そう！」などと、さらなる高みを目指すとモチベーションが上がるタイプです。

チームや部署ごとの業績が、全社に張り出されるような企業で活躍します。

一方で、欠点もあります。達成や勝利を得られない、他者に後れを取る自分に怒りを感じることです。同じ熱量で努力しない仲間に、怒りをぶつけることもあります。強引なマネジメントや結果を出すための行動も目立つでしょう。若いうちは荒削りという評価で済みますが、管理職やマネージャーになると、パワハラ上司として問題視されることもあります。

さて、炎タイプの声・表情・ジェスチャーで意識するポイントは、次の通りです。炎タイプの声は大きな声でよく響き、抑揚《よくよう》もハッキリしています。表情は笑ったり真剣な顔になったりと、大きく変わります。

ジェスチャーも大きく、「椅子から立ち上がって会社の目標を話す面接官がいた」と証言してくれた相談者さんもいました。

口癖も特徴的です。「何が何でもこのビジョンを実現したい」「そのためには今の3倍は努力が必要です」など、行動量で圧倒しようとする姿勢が見られます。

こうしたタイプには、大きな声でハッキリと、ジェスチャーを大きく、行動でやる気を示すよう話してください。

親分肌の人も多いので、入社すると悩みを相談できたり、励ましの言葉をくれるなど、強い味方になってくれます。会社の代表やキーパーソンに多い傾向です。

❖氷タイプに合わせた面接ポイント

氷タイプの面接官の長所は炎タイプと同じように、ビジネスで結果を出す人に多い性格です。論理的に話すことを得意とし、客観的に話を進めるので、「仕事がしやすい」と評判になるのも特徴です。

一方で、「ロジカルモンスター」「ビジネスロボット」と揶揄《やゆ》されるように、欠点もあります。論理が通っていないことに批判的になりやすく、「重箱の隅をつつくようだ」と敬遠されることもあります。

氷タイプの声・ジェスチャーは炎や祭りタイプに比べると小さく、表情は硬め。話すスピードは速く、抑揚の波も小さく、テンションは一定です。

口癖も論理的です。「結論から言うと」「ポイントは三つあって……」と話すことが多いのが特徴です。

質問も「その行動の理由は何ですか？」「ＫＰＩは具体的にどれくらいの数字でしたか？話せる範囲で構いません」など、論理の一貫性や数字を使った会話を重んじます。

とある相談者さんは、「面接中に、ホワイトボードに企業のビジネスモデルを図解して説明してくれた」とも教えてくれました。書いた図解や数字を算出した根拠など細部にも気を配っているので「どう導き出したのですか？」など質問して、喜んでもらったそうです。

氷タイプには、落ち着いた口調で、論理性や根拠重視のコミュニケーションを心掛けてください。**ポイントは「目的」「根拠」「理由」です。**この三つの観点から面接前に自分の経歴を見返しておくと、氷タイプが納得する面接になります。

このタイプは、本や論文を読んだり、新しい情報を仕入れたりすることが好きな性格のメンバーが多めです。入社すると、知的欲求や好奇心を存分に生かした仕事の会話が楽しめるようになります。

❖祭りタイプに合わせた面接ポイント

祭りタイプの面接官は、俗に言う「陽キャ」「パリピ」です。

長所は、ムードメーカーという言葉がピッタリです。「あいつが一人いるとチームが盛り上がる」などと言われます。「よくそんなこと思いつきますね」と驚かれるアイデアをどんどん出します。

欠点は、気分屋であることです。昨日までは自分のアイデアで盛り上がっていたのに、次の日には急にやる気をなくします。時間を守ることが不得意な面もあります。

祭りタイプは他の社員とスーツや服装が違うなど、わかりやすい特徴を持ちます。アイスブレイクも長めです。

声・表情・ジェスチャーは炎タイプと同じか、それ以上に大きい特徴があります。話すスピードは速いことが多いですが、独特の間を持っていたり、クセがあります。口癖も独特なので一概にまとめにくいのですが、「自分に向けた言葉」が多いのが特徴です。面接では、「あ、そういえば」「今、何の話でしたっけ?」などと言い、会話が噛み合ってくると、「その仕事をしてきたってことは、●●さんはこの仕事もできちゃいます?」とあなたの可能性を引き出す会話もしてくれます。

このタイプには、一つだけ注意があります。祭りタイプは「合否をつける」以上に今の会話を楽しむあまり、面接していることを忘れることです。

ですから、面接が終わる頃を見計らって、最後にこう伝えてください。

「お礼＋志望動機＋募集ポジションの仕事をできる経験があること」です。

> こんなに楽しくお話しいただけるとは夢にも思いませんでした。時間を忘れて会話に没頭してしまいました。最後にお伝えします。私は●●が理由で御社を志望しています。募集ポジションの主な仕事である●●と近しい経験を、●●でしています。ご縁をいただければ、精一杯努めてまいります。

あなたが祭りタイプの面接官の空気に合わせられると、仕事仲間を超えて友人関係を築ける可能性が高いので、入社後に楽しく働けるでしょう。

❖森タイプに合わせた面接ポイント

森タイプは、「会社の中で怒った姿を見たことがない。仏の●●」と言われているようなタイプです。長所は共感力の高さです。相手の気持ちを察する能力に長《た》け、そっと声をかけてケアできる管理職向きの人です。顧客からの信頼も厚く、「●●さんに担当してもらいたい」と指名が入ることが多いのも、特徴です。

短所は優柔不断なところです。多くに気づくあまり、「この選択は、Aさんはよくても B さんは嫌がる」と決断できなくなってしまうこともあります。

声や表情の変化はゆっくりと穏やかです。ジェスチャーは、そう多くありません。話すスピードもゆっくりです。口癖から「ここまでの話でわかりにくかった点はありませんか？」と相手を気遣う姿勢がにじみ出ています。

ただし、仏の森タイプにも注意点があります。優しい空気や話しやすさに気を許して、面接中に「お悩み相談」や「愚痴披露」をしてしまうことです。

面接は、転職の本音を披露する場ではありません。本音が出ると、「会社でフォローし切れない」と厳しく判断される危険性があります。ですから、つい気を許してしまいがちな森タイプの面接官には、こんな伝え方がポイントとなります。

今日のお話で御社が人を大切にしていることがひしひしと伝わってきました。御社のような会社が増えればいいなと強く思います。ただ、その優しさに甘えるつもりはありません。私もしっかりと御社の理念を理解し、体現することで会社作りに参画したいと考えています。

ハッキリと「甘えるつもりはない」「制度にただ乗りする気はない」とお伝えしましょう。

summary

炎タイプの面接官には、声とジェスチャーを大きめにする
氷タイプの面接官には、「目的」「根拠」「理由」を意識して話す
祭りタイプの面接官には、「お礼＋志望動機＋経験」を「必ずまとめて」話す
森タイプには「一緒に会社を作る側に回りたい」と伝える

5
03
タイプ別 ハズレ面接官対策〜面接慣れしていない面接官編〜

❖優秀な面接官が出てくるとは限らない

面接官のトレーニングをしていると、求職者にとって「ハズレ」の面接官に出会います。いつまでも面接に慣れない人、人に関心がない人などです。

本来であればこうした人が面接官をすべきではありませんが、どんな面接官が出てくるかは、もはや「ガチャ」。

ただし、一見すると「出たところ勝負」でも、面接官には対処法があります。

まずは、求職者にとって「ハズレ面接官」のパターンと対策を3回に分けてお伝えします。対処法を知っておくだけで、通過率はグッと上がります。

❖慣れていない面接官の見抜き方

まずは、人事のハズレ面接官です。採用面接が初めての人事面接官のケースです。私が担当した相談者さんは、ある面接で人事の採用担当者から「私、今日が初めての面接です。緊張しますね！」と告げられたそうです。志望度の高い企業であるほどこんな宣言はされたくありません。練習台ではないのですから。

面接官が面接慣れしているかどうかは、どこでわかるのか。それは、「仕草」と「面接の進め方」です。

バインダーやノートを持って、上から下に目線を動かしながら一問一答をしてきたら、慣れていないサインです。「これを聞こう」と決めた質問事項を、「全部聞かなきゃ！」と一生懸命一つずつ聞いている状態です。

慣れている面接官ほど、あなたの目を見て話を聞きます。「面接のうまさと仕事の出来は比例しない」とわかっているので、実際の仕事振りを会話の中からうまく引き出そうとするでしょう。

では、面接慣れしていない面接官の対策とはなんでしょうか。それには、次のような先手が有効です。面接官が話し出す前、もしくは「自己紹介をお願いします」と言われた時にこう宣言すると、面接の主導権をあなたが握れるようになります。

> 今日は面接の機会をいただけて光栄です。私は面接に慣れているわけではないので、ご質問いただいたことに一回でしっかりお答えできないかもしれません。わかりにくい部分があれば、お気軽にお聞かせください。もう一度お話しさせていただきます。どうぞよろしくお願いいたします。

面接に不慣れな面接官の緊張をほぐしてあげるのです。慣れていない面接官ほど、「なめられてはいけない」と構えています。その意識がから回って会話のキャッチボールができなくなったり、「本当にあなたがやったんですか?」など、謎の上から目線になってしまうことがあります。

そこで、「私も慣れていないので、警戒しなくていいですよ。ゆっくりと会話のキャッチボールをしましょう」という意思を示すのです。すると、不慣れな面接官も落ち着きます。

面接官をコントロールする発想はなかった読者の方も多いことでしょう。

ベテランの面接官であれば、身を任せて構いません。ただ、面接官をリードする方法もあることを覚えておいてください。あなたが主導権を握ってもいいのです。

宣言をすることで高評価を得た相談者さんもいます。「場の空気をコントロールする能力に長けていて、マネジメント能力が高い」「相手の目線に合わせたコミュニケーション能力がある」と評価されたのです。

面接官を導くことは確かに苦労もありますが、その分あなたのコミュニケーション能力の高さが伝わります。「今日の面接官、もしかして初心者かも」と思ったら、「宣言してリードする権利を私は持っている」ことだけでも思い出してください。

summary

面接をリードしてあげるという発想を持つ

「わかりにくい部分があればお聞かせください」と宣言する

5
04
タイプ別ハズレ面接官対策
〜やる気のない現場面接官編〜

❖やる気のない面接官の質問は、場当たり的

面接には、三つの立場の人が立ち会います。人事・現場担当者・経営陣です。なかでも、現場担当者はあなたと一緒に働いたり、上司になる可能性がある人です。現場担当者は人事のコントロールが効きにくいぶん、求人票にも採用ＨＰにも書いていない実態を話してくれることも。相性を見極める絶好の機会です。

一方、人事のコントロールが効かないという意味では、クセの強い面接官が出てくることもあります。露骨に、面倒くさそうな態度で面接に臨む現場担当者もいます。

いわゆる、「やる気のない現場面接官」のパターンです。

私が聞いた例では、他にも「今日はどのポジションの面接でしたっけ?」と、面接

の現場で求人票を見せてくれるよう人事に頼んでいた担当者もいます。「私に採用権はないので適当に話してくれていいです」なんて話す人もいます。

確かに採用以外にも仕事がある人は、忙しいものです。

しかし、「これから仲間になるかもしれない人」を大切にしていない現場担当者の実力はたかが知れています。入社後のミスマッチのサインでもあるので、内定をもらったとしても無理に入社する必要はありません。

「やる気のない現場面接官」はすぐに見分けられます。「時間にルーズ」が最大の特徴です。

つまり、人の時間を奪うことに罪悪感がないのです。

面接の質問が場当たり的で、一貫性がないことも特徴です。

志望動機を聞かれたと思えば、入社時期の話に飛んだ。そうかと思えば「さっきの話の続きですけど」と話が戻る。

面接に真剣に臨む面接官であれば、大まかな面接の流れを決めていることが多いものです。一つのテーマについて掘り下げるなど、質問の意図がハッキリしていると感じられることもよくあります。「面接の流れ」は面接官のレベルを測る大切な指標です。

❖早送りで「仕事の再現性」を伝えよう

こうした面接官が出てくる企業に無理に入社する必要はありませんが、それでも第一志望だとしたら諦めきれません。「この人がダメなだけなのかも」と思うこともあります。そんな方にお伝えしたいのが、やる気のなさを利用する方法です。

やる気がないとは、「早く面接を終わらせたい」ということ。本音を逆手に取って早く面接を終わらせる、つまり合否の判断がつく材料をこちらから提供するのです。

やる気のない現場面接官の評価基準は、「目の前のこの人に、今自分が抱えている仕事を振ったらどうなるか」「その仕事に対して、やる気はあるか」の二つです。

そう考えると、一つ目に対しては「これまでの経験から入社後に任される仕事に近いことをやっているので、できます」という再現性が効きます。

さらには「その仕事は好きなのでやりたい」という積極性を早送りで伝えれば、やる気のない面接官にも「ピッタリの人がきたぞ」と喜ばれます。

現場担当者には、仕事内容に絞って話すとよいでしょう。実際に、１５分遅れた面接官に自己紹介を兼ねて次のように伝え、面接を突破した相談者さんがいます。

お忙しい中面接を実施してくださってありがとうございます。このポジションの仕事は、私の主な経験の●●と近い部分が多くあり、苦なくやれると思っています。どうぞよろしくお願いいたします。

ポイントは、まず「お礼」を伝えることです。やる気のない現場面接官は、人の時間はなんとも思いませんが、自分とクライアントの時間は大切にしています。
次に、求人票の仕事内容と近しい経験があなたの主な経験であることを伝えます。ダメ押しで「その仕事が好きです」「自然にできます」「辛さを感じません」などの熱意を添えます。
最初にまとめて伝えると、「確認したいことがもう終わった！　話が早くて仕事しやすそう！」とあなたの効率の良い仕事ぶりを評価できます。

❖提出資料は「ここ」を見るよう誘導する

提出資料でも、自分の仕事と求人票の仕事内容の共通点を説明することができます。1-7でご紹介した「みじん切り」の表を思い出してください。法人営業の仕事であれば「顧客のリストアップ→アポ取り→商談→フォロー……」などといった具合に、具体的な仕事が出てきます。

ここで大量の仕事が書かれた表の中から、希望しているポジションの仕事内容に近い仕事をピックアップし、マーカーをつけておきます。すると、やる気のない現場面接官でも、「ここだけ見ればいいのか！」とあなたの心遣いに感動します。

実行した相談者さんは、45分の面接を「予定が入ったので30分で終わらせます」と伝えられていましたが、「20分で終わってすぐに合格通知が来ました」と話していました。

しかも、「資料作成能力が高い」「要点を伝える能力がある」と高評価つきです。

やる気のない面接官ほど準備次第でいかようにも動かせます。

これは余談ですが、オファー面談の時に、人事から「現場担当の●●は失礼がありませんでしたか？　うまく対応してくださってありがとうございます」なんてお礼を伝えられることもあります。

summary

「早送り」と「まとめ」で面接官の「知りたい」に先に答えてあげる
やる気のない現場面接官には、仕事内容に絞って話す
「お礼×自己紹介×仕事の内容と積極性」をダイジェストにして伝える

5 05 タイプ別 ハズレ面接官対策 〜クセの強い役員面接編〜

❖役員面接では、面接官のプロフィールを事前にチェック

役員面接ほど、泣かされる面接はありません。人事から「顔合わせ程度です」と言われていたのに、落とされた求職者もいます。

一方で、意気投合して通常の年収よりも20%アップした求職者もいます。なぜこれほどまでに、違いがあるのでしょうか？

それは、役員は現場担当者以上に「人事がコントロールできない」からです。

役員、特に創業社長の中には、面接の開口一番、「一緒に働くと苦労しそうだな」とわかるほど世界線が違う人が存在します。ある人事の方から、こんな話を聞いたこ

とがあります。

「役員面接で、社長が『この求職者は、オレと同じ故郷出身じゃないか。大丈夫だろう。内定』と言い始め、人事が慌てて止めました」

「従業員から昇りつめた社長」やいわゆる「後継ぎ経営者」であれば、もう少し一般的な面接になるケースが多くなります。周りの評価と評判を得て今の地位を獲得したので、人事の話に聞く耳を持つからです。

役員面接や最終面接で落ちついて話すためにも、人事に「面接官のプロフィールを教えてください」と必ず事前にリクエストしてください。「どんな経歴で今の地位を掴んだのか」がポイントです。

金融やコンサルティングといった数字や論理を重視する世界で育った人が役員であれば、解釈や感情を挟まずロジカルな面接になることが多いでしょう。

泥臭い営業で成果をあげた役員がいれば、「仕事以外の話でも楽しく盛り上がれるかどうか」を見ていることもあります。

なお、人事によっては、候補者に最終面接の対策を実施することもあります。「弊社としては、●●さんに何としてでも入社してほしいと考えています。『最終面接ではとにかく社風や理念に共感した』で通してください。その他は話さなくても構いません」なんてお願いされることもあります。

❖「二つの覚悟」が伝わると、役員面接で意気投合できる

対策不可能に見える役員面接にも、一点だけ共通する特徴があります。

それは、「覚悟を問われる」ことです。

覚悟は二つに分類されます。一つは、「うちの会社を一番に志望しているか」。二つ目は、「逃げないか」です。ここにきて精神論になってしまいました。しかし、最後に問われる大切なポイントなので、お伝えします。


役員ともなると、会社の存在そのものが自身のアイデンティティとなっている人がほとんどです。「自分＝会社」です。会社にいる時間、仕事の時間が一番長いからです。

会社は「ワーク・ライフ・バランス」を志向していても、自分には「ワーク・イズ・ライフ」を当てはめる経営者は多いものです。

創業社長であれば、完全に「自分＝会社」だと考えてください。後継者に会社を譲った知り合いの社長は、その時のことを「自分の半分どころか90％はなくしたような喪失感がある」と教えてくれました。それくらい思い入れのある会社ですから、あなたにも「弊社を愛してほしい」と求めています。

そこで、「第一志望〝群〟です」などとお茶を濁《にご》されることは、役員や社長の尊厳を傷つけてしまいます。同時に、これまでのあなたの高い評価を下げてしまいます。迷わずに「御社が第一志望です」と答えてください。

役員など経営者は「裏切られた経験」もたくさんしています。一緒に創業した仲間が競合他社に転職する。決まりかけていた資金調達を白紙に戻される。20年取引を続けていた顧客に契約を切られる。「御社で骨を埋めます」と啖呵《たんか》を切って入社した管理職が1年で退職する。「口では何とでも言う」人を見てきています。

傷ついた経験から「この人は逃げる」という直感は驚くほど鋭いものです。「この会社は足掛けでいいか」という浮ついた気持ちは見透かされます。
なお、「起業するくらいの勢いがある人がほしい」と発信する会社もありますが、ほぼ建前です。「それくらい自発的に働いてほしい」に読み替えてください。

では、どうすれば覚悟が伝わるのか。そのために準備しておいてほしいことがあります。それが「任された仕事で成果が出なかった時に、どうするか」と問われた時の回答です。

たいてい、この質問で覚悟を問われます。
くれぐれも「私は大丈夫です。失敗しません」といった軽い回答はしないでください。「仕事の大変さ・責任の重さ」を受け止めるようにこう答えてください。

> 仰るようにこのポジションの仕事は大きな責任が伴うと考えています。簡単に「やれます」とは言えません。

そしてこう続けてください。

自分の力に過信することなく、周りに協力を仰いでチームで乗り越えます。

役員面接や最終面接でものを言うのは、実績や優秀さといった評価以上に覚悟です。役員によっては「目の色でわかる」「人物を見ている」と話すほど、曖昧な基準で決まります。「対策しようがない」とも受け取れますが、「変に取り繕わず、純粋な気持ちを伝えればいい」とも考えられます。

ここまであなたはたくさんの準備をしてきました。臆することはありません。経営陣に「御社の仕事をやり切ります」という覚悟を伝えてきてください。

summary

役員面接では、覚悟が問われる
仕事の大変さや責任の重さを受け止めて、発言する

5 06 「入社後のキャリアプラン」の模範解答

❖企業は、キャリアパスにおける「認識のズレ」を恐れる

面接では、必ずと言っていいほど「キャリアプラン」について聞かれます。

そうは言われても、「入社後どんな仕事をするかもよくわからない」「どんなキャリアパスがあるか先に教えてほしい」というのが本音ではないでしょうか。

この質問には、採用側の意図があります。

それは、会社側が用意しているキャリアパスのスピードとあなたの望むキャリアパスが一致しているかを確かめたいということです。つまり、「●年後には、こんな仕事をしている。または、役職でいてほしい」という企業の期待と、あなたの期待が一

致しているかどうかを確かめたいのです。

極端な話、あなたが「1年後にはマネジメントをしていたい」と考えていても、企業が「まず3年はプレイヤー、その後にマネジメント」と考えていれば、1年の間にどれだけ成果をあげてもマネージャーにはなれません。

入社後のキャリアパスのズレから生じるすれ違いを、企業は恐れています。早期退職やチームワークの乱れを生む原因となるからです。

他にも細かな配属の調整のためにも、キャリアパスのスピードをすり合わせたいと考える企業があります。企業で統一の評価の仕方はあるものの、最後は評価者の匙《さじ》加減が影響します。上司やチーム単位でも昇進のスピードが変わるので、「この人は早く出世したいのか」「ゆっくりがいいのか」などを知りたがっています。

キャリアパスのスピードにズレを生まない解答には型があります。企業の採用ＨＰを見て、「キャリアパス」と書かれたページや「入社後のイメージ」といった文言でまとめられているページをよく読むと、型を使いこなせるようになります。

企業によっては、情報収集力を試すテストだと捉え、HPに書いてあることを読んできた前提で、「どんなキャリアパスを考えていますか？」と質問してきます。

採用HPに「35歳でリーダーに昇進して」と書かれていたら、あなたも「35歳でリーダーに成長して」といった具合に合わせます。

ただし、リーダーや課長といった役職名は参考程度にしてください。

あなたが在籍してきた会社と、これから選考を受ける会社では同じ役職名でも期待する役割が異なる場合があるからです。

同じマネージャーでも、自分の成績にも責任を持つプレイングマネージャーか、チームや部署の目的に責任を負うマネジメント専業なのか。大きな違いがあるので、確認は必須です。

すり合わせることで、「こんな仕事もするのか……」といったネガティブな驚きを減らすことができます。

❖「主語の成長の輪」を意識しよう

もしも、中途採用のページでキャリアパスのイメージがつかめない場合は、新卒採用のページを調べてみてください。一般的には中途採用では仕事内容や報酬、新卒採用ではキャリアパスや社風を詳しく書いている傾向があります。

最悪のケースですが、どのページにもキャリアパスが書かれておらず、転職エージェントに聞いても情報が出てこない場合はどうするのか。

その場合は、「キャリアパスの質問に即答する王道」があります。キーワードは「主語の成長の輪」です。

主語の成長の輪とは、入社年が上がるごとに「主語を大きくしていく」考え方です。

たとえば、入社して1年目は自分の成長、次の2年目で自分とメンバーの成長、3年目で自分の部署の成長、4年目で自分の部署と近い部署（関わりの多い部署）の成長、5年目で会社全体の成長のように、主語を大きくしていきます。

■ キャリアパスを伝える「主語の成長の輪」

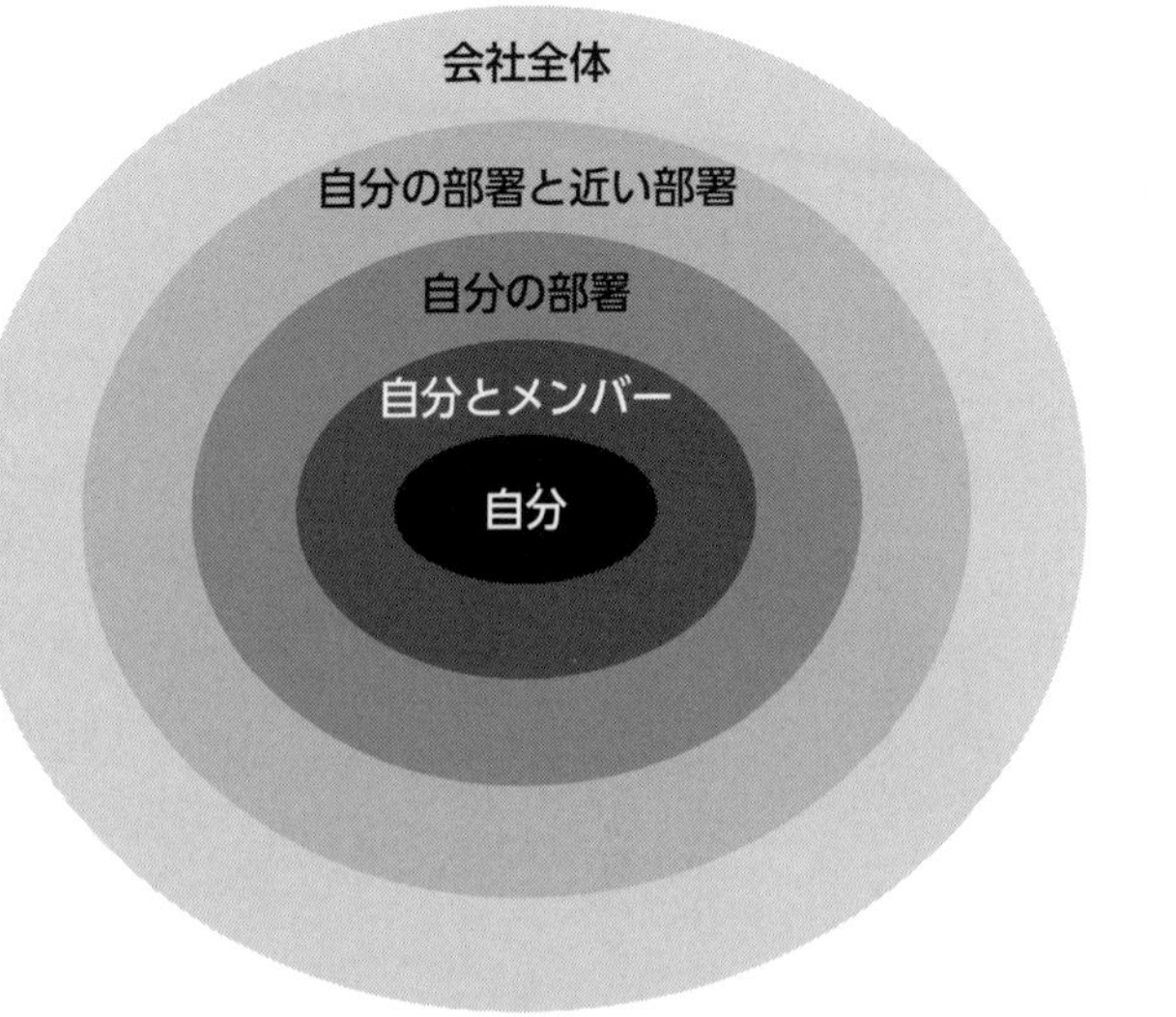

徐々に主語を大きくしていくことであなたが選考を受けている企業で長く働く意思が強いことが伝わります。すると、採用担当者は「弊社で長く仕事をする気がある」とあなたの志望度の高さを感じ、「将来的にはマネジメントなどの要職も任せられそうだ」とイメージできます。

キャリアパスは自由解答のように思われますが、実は解答の型はあります。「答えはある」と安心しながら中途採用・新卒採用のH

Ｐを見たり、「主語の成長の輪」を使ったりしてください。

あなたの成長スピードにピッタリ合う会社が、あなたの応募を待っています。

summary

採用ページの「キャリアパス」や「入社後のイメージ」をよく読む

キャリアパスが書かれていない場合、入社年次によって主語を大きくしよう

5
07

話すことが苦手な人のための「自分から話さない」戦略

❖口下手さんの魅力を代弁する「3種類の資料」

面接のコツと言えば、「流暢《りゅうちょう》に話す」「自信ありげに話す」などといった話し方が注目されがちです。

しかし、話すことが苦手で面接をストレスに感じる求職者も少なくないはずです。実は、ほぼ話さなくても内定を取ることはできます。「自分から話さない」面接戦略があるのです。

次の三つの資料を用意します。資料に関する質問に集中し、面接で聞かれるため、準備しやすくなります。

一つ目は、自己紹介や面接で聞きたいことといった自分資料。これは、「自分大全」「上司リファレンス」「顧客リファレンス」「部下まとめシート」のうち、自分に合う資料のどれかで構いません。

二つ目は、仕事の中で使ったレポートやパワーポイントといった仕事資料。この資料は事前に企業に送っておいてください。

三つ目は、面接を受ける企業のＨＰや社長のインタビューページを印刷してラインマーカーや付箋で印をつけた企業資料。これだけです。

持ち物を用意することには、いいことしかありません。話さなくてもあなたの実務能力の高さが理解される。質問が持ち物に関することに集中するので、変化球の質問が減る。志望度の高さが口に出さなくても伝わる。

あなたの代わりに言いたいことを伝えてくれるもの、それが資料です。

❖資料に雄弁に語らせよう

この三つの資料にあなたの魅力を雄弁に語らせます。

仕事資料は面接直前に作ってもＯＫです。営業やコンサルタントであれば提案資料、講師であれば研修資料、デザイナーやエンジニアであればポートフォリオ、マーケターや編集者であれば企画書など、自分の仕事を目に見える形で整理する機会をフル活用してください。

ただし、コンプライアンスや機密情報の漏洩《ろうえい》にはお気をつけください。顧客企業の社名は伏る。個人情報は削除する。少しの配慮からも、あなたの「慎重に仕事を進められる性格」が伝わります。

企業資料は必ず印刷して、「この部分をお聞きしたいのですが」とすぐに取り出せるようにラインマーカーや付箋をつけておいてください。

オンライン面接では、Googleスライドなどで資料をＵＲＬ化して企業と事前に共有しておくことに加え、印刷も必須です。「ここまで調べてきてくれたのだから、こちらもしっかり答えよう」と詳しく会社の説明をしてくれるようになります。

面接は「何をどう話すか」だけでなく、視覚的な要素を武器としてもいいのです。

ライター・編集業に携わる相談者さんは、志望企業の社長の書籍をすべて買い、机の上に置いていました。さっと取り出すその様子が、あなたの普段の真剣な業務姿勢を映し出します。

面接官が事前に送られてきた分厚い資料を見れば、「面接ひとつにも入念に準備する人だ」と思われ、その後の面接があなたに有利なものになります。

つまり、語らずともあなたの「本気度」が伝わるのです。面接官の聞き方も穏やかになります。反対に「とりあえず話だけでも聞くか」と期待されていないと、質問内容や聞き方も適当です。圧迫面接のように感じられることもあります。

資料を準備するだけで、面接のストレスをゼロに近づけられるのです。

summary

面接のコツは、資料に話しをさせること

自分資料、仕事資料、企業資料の三つを用意

5
08

面接のピンチをチャンスに変える「聞き返し」

❖面接は、答えにつまってもいい

面接では、「まさかそんなことを聞かれるなんて」「深掘りされすぎて混乱してしまった」といった不測の事態が発生します。

「聞かれたらすぐに答えられない自分はダメなんだ……」と考える人がいますが、面接は、答えにつまってもＯＫ。正確に言えば、「聞き返してＯＫ」です。

こうお伝えすると、「理解力がないと思われませんか？」と不安になられる方もいらっしゃいます。しかし、社員を大切にしてチームワークで成果を出そうとする企業ほど、「会話のキャッチボールができる」と高く評価します。

その理由が端的に説明されている文章があります。「心理的安全性」という概念を生み出し、組織開発の世界に多大な影響力を持つエイミー・C・エドモンドソン教授は、私たちの仕事は「相互依存的」であると記しています。[※18]

今日、人々が単独で仕事をして製品、サービスが生み出されることはほとんどない。自分の仕事が済んだら、その成果を手順に従って次の人に引き渡し、それで終わりなどという人もほぼいない。それどころか、今や大半の仕事において、人々はよく話し合い、次々と形を変える相互依存の体制を整えるよう求められる。現代経済で私たちが価値を置くほぼすべてのものが、相互依存的な判断と行動――相互依存的であるがゆえに、効果的に協働しなければ成果の出ない判断と行動――から生まれている。

この文章を読めば、即座に反応すること以上に会話のキャッチボールが大切であることがわかるでしょう。ですから、堂々とコミュニケーションを取ってください。

❖聞き返すことで、お互いの理解が深まる

具体的にはどう聞き返せばいいのか。次のような答え方です。

「今、考えているので、少しお時間いただけますか?」(リクエスト)
「今の質問の意図は、●●ということでしょうか?」(言い換え)
「正確にお答えしたいので、後ほどメールで回答してもよろしいですか?」(提案)
「今の答え方で、適切な回答になっていましたか?」(確認)

聞き返すことは、面接官のためでもあります。お互いの理解が深まるからです。
むしろありがたいと感じる面接官も多いでしょう。面接官は必ずしも面接のプロではありません。「この質問の仕方で、わかりにくくなかったかな?」と考えながら面接をしているのです。

考えてみれば、面接は不自然な会話です。初めて出会ったばかりの人間が、お互い本音と建前を交ぜながら話す。難易度の高いコミュニケーションです。

面接は「面接用のコミュニケーション能力の高さ」くらいしかわかりません。

ですから、求職者の優秀さを測る指標としては、正直なところ不完全です。

これが「万が一落とされてもあなたのせいではない」とアドバイスされる理由です。根拠のない励ましではないのです。

面接は曖昧な指標ですから、「面接用に自分を矯正しよう」と気負う必要はありません。かしこまったあなたではなく、職場の本来のあなたと会話したいと考えている企業が、あなたに選ばれるに相応しい企業です。

summary

面接では、答えに詰まっても問題ない
聞き返すことで、むしろコミュニケーション力の高さが伝わる
「提案」「言い換え」「確認」の意識で聞き返す

5 09 もう悩まない。「逆質問」の作り方

❖「逆質問」のOK例とNG例

面接では、最後に「何か聞きたいことはありますか?」と聞かれます。「何を聞くことが正解なのかがわからない」と悩まされます。

実は、これにも答える型があります。それは、企業や事業部、チームの未来をHPなどから調べて、これから何に力を入れる予定かを質問することです。会社を一緒に成長させる仲間になりたいです」という意欲が伝わります。

たとえば、次のような質問です。

ＩＲ資料の中期計画で●●を目指すと拝見しました。そのために事業部やチームで今力を入れていることや新しくはじまった取り組みをお聞かせいただけますでしょうか？

私もその流れに追いつき加速させられるようになりたいので、お聞きしました。


一方で、鋭く見えてＮＧな質問もあります。たとえば、次のような質問です。

「競合他社のほうが売り上げは高いようですが、これからどう勝つ予定ですか？」

戦略を尋ねるいい質問に思えます。ですが、会社は「会社を一緒に成長させる仲間」を求めています。この質問に対する企業の反応は、「その勝つ予定を一緒に考える人を仲間にしたい。評論家はいらない」と予想できます。

もし、「〇〇な方法を提案したい」と考えているならば、「私は●●が有効かもしれないと思っているのですが、御社はどうお考えですか？」と意見つきで聞いてください。「私も同じ立場で一緒に考え抜きます」というあなたの鋭さや積極性が伝わります。

❖企業が答えにくい質問を自然にする技術

もしも、企業にとって答えにくい質問をしたい時は、「ポジティブな意見を添えて質問する」と、あなたの関心の高さがプラスに伝わります。

たとえば、分社化の経緯や経営陣交代の理由に強い関心があったとします。その情報をもとに、たとえばこのように質問します。

> ●年に社長が交代したニュースについてお聞かせください。●●出身の●●社長が就任したことで、御社の事業は●●の点からさらに成長するように感じました。実際にはどういった経緯で交代されたのでしょうか？　私も将来は会社全体に貢献したいので、会社の仕組みそのものについて勉強させていただければと思いご質問しました。

将来は経営に携わりたい、起業もキャリアの一つに見据えている人であれば、会社の仕組みそのものに関心を持つのは自然なことです。

案外、「深く切り込み過ぎたかな」という質問であっても、企業によっては詳細な情報を開示することがあります。もっと細かな、「残業代の出し方」や「有休の取りやすさ」など生活に関わる部分を知りたい場合は、内定後のオファー面談で聞きましょう。

最終手段ですが、本当に何も聞くことがないのであれば、捻り出す必要はありません。次のようにお礼と意欲を伝えて、いい空気で終わらせましょう。

> とても丁寧にご説明いただき誠にありがとうございます。ご縁をいただけた場合は、私も御社が体験させてくれた候補者目線を、顧客や同僚にも提供していきたいと思います。本日は学びの多い面接をありがとうございました。

ともあれ、逆質問は「企業や事業部、チームの未来を見据えて質問する」とだけ覚えておけば安心です。型を知れば、あなた用に微調整するだけでＯＫです。

ここまで、転職活動のストレスを少しでも軽くする技術をお伝えしてきました。今の転職活動のルールは、あまりにも不完全です。そうした中でも、疲弊せず、あなたが納得のいく転職ができるよう全力で応援しています。
あなたにぴったりの職場が、あなたに見つけてもらえる日を心待ちにしています。

summary

逆質問では、企業に貢献する意識を忘れずに
企業に聞きにくい質問は、ポジティブな意見を添える
何も聞くことがなければ「お礼」を伝えて終わらせる

おわりに

『ゼロストレス転職』を手に取ってくださり、誠にありがとうございました。

お役に立てる部分はありましたでしょうか？　各章にある資料のダウンロードは下のQRコードから可能です。受け取ってください。

https://taishokugaku.com/zero-stress-tenshoku-download/

最後にお願いがあります。『ゼロストレス転職』はまだ完結していません。本書は私から読者のあなたへ贈る手紙です。お返事があってようやくページを閉じることができます。ピリオドはあなたに打ってほしいのです。

方法はシンプルです。ＳＮＳやブログで感想を書く、Amazonや

匿名メッセージ投稿サイト

資料

レビューサイトに投稿していただけますでしょうか？「＃ゼロストレス転職」でお待ちしています。私のＨＰからメールも送れます。匿名でも全く構いません。ＱＲコードから飛べます。

私にとって出版の最大の報酬はあなたの言葉です。心待ちにしております。

そして、あなたは必ずゼロストレスであなたにピッタリの仕事、職場、人間関係、待遇を必ず手にできます。ゼロストレス転職がお手伝いさせていただきます。

最後のお願いまでお付き合いいただき、誠にありがとうございました。名残惜しいですが、本書を閉じるためにこの本に関わってくださった方に感謝の意を述べさせてください。

まず誰よりも、本書を手に取ってくださったあなた。私の言葉によっては、傷ついてしまった部分も、納得いかない部分もあったかと思います。

ＧＬＡＹのＴＡＫＵＲＯさんは、Uta-Net の「言葉の達人〈伝えるための作詞術〉」

のインタビューで、次のようにご自身に問いかけているとお話しされています。※19

「この言葉は誰かを傷つけるかも知れないが自分にはその覚悟があるのか否か？」。

覚悟を持って綴りました。一言でも、あなたの心に届くように願っています。

キャリア相談を私にしてくださった相談者さん。個人が特定されない形で転職の体験談や、『ゼロストレス転職』の感想を公開することを許可いただき、誠にありがとうございました。相談者さんが信頼してくださったから、「私はあなたに相談してもらえる人物なんだ」と2冊目の本書を書く勇気を持てました。

PHP研究所の担当編集である野牧峻さん。執筆のストレスをいい具合に取り除きながら、「佐野さんが語るべきテーマがあると思うんです」と軌道修正してくださいました。誠にありがとうございます。野牧さんのプレゼントのような言葉の数々の中で、この言葉が一番記憶に残っています。良いストレスをいただきました。

キャリアコンサルタントや転職エージェント、求人サイトの運営者、国の支援機関に関わるキャリア支援の先輩、後輩の皆様。原稿にアドバイスをくださり誠にありがとうございます。『ゼロストレス転職』はキャリア支援者の中でも、今の転職活動に問題意識をお持ちである方にだけ支持されると思っています。皆様の応援が大きな励みになりました。本書が皆様の真摯な活動を世に伝える一助になることを願っています。

人事や採用に携わる皆様。原稿を読んで採用目線を教えてくださり、誠にありがとうございました。もともと候補者目線に立った採用活動を展開されている皆様から、「企業も候補者もゼロストレスな採用を実現したい」と仰っていただき、転職市場はさらに良くできると確信しました。

顧問やメンバーとして新規事業開発やマーケティング、人材育成に携わらせていただいている方々。皆様と必死に成果や数字を追いかける経験が、『ゼロストレス転職』の柱の一つになっています。

お知恵を引用させていただいた経営者、キャリアの研究家、学者、ミュージシャン、スポーツ関連の皆様。この本がささやかながら、皆様と読者様との架け橋になるよう、文献一覧を作成いたしました。引用させていただくたびに、本に支えられて生きてきたことを実感しました。引用こそしなかったものの、本書の根底にはヴィクトール・E・フランクルの『夜と霧』の一説である「最もよき人々は帰ってこなかった[※20](die Besten sind nicht zurückgekommen)[※21]」が流れています。この言葉が頭をよぎるたびに、「綺麗事は逃げない」と気が引き締まりました。

本書に注目してくださった書店やメディアの方々。皆様からの反応や質問、感想によって『ゼロストレス転職』の使い方を広げていただきました。皆様を通じて読者様に届く様子を想像するだけで、誇らしい気持ちが湧き上がってきます。

前著に感想やレビューを届けてくださった方々。皆様の声によって「本は読者様の声でようやく完結する」と気付きました。願わくば、またご縁をいただけるように活動を続けてまいります。

初めての書籍を手がけてくださった編集者の淡路勇介さん。著者としてのキャリアをつくってくださり、改めて誠にありがとうございます。淡路さんとつくった『「会社辞めたい」ループから抜け出そう！転職後も武器になる思考法』（サンマーク出版）の表紙のカエルに今も励まされています。

「退職学®（resignology）の研究家」なんていう、奇を衒《てら》ったように思われる肩書きにもかかわらず、本気さを感じてくださったすべての方々。皆様の温かい一言ひと言に、視線の一つひとつに育てていただき、本書は生まれました。

一度でも私と言葉を交わし、同じ時間を過ごしてくださった方々。本書はお役に立てているでしょうか？　再会できる日を道標に、また筆を取ろうと思います。

離れて生きる父、母、兄。あなたたちとの葛藤が、私に言葉を生み出す孤独な時間に耐える力をくれました。

最後に妻の智代と息子の息吹へ。執筆中は「この本は世に出す価値があるのか」を問い続けていました。その最後の基準が「二人への遺書として捧げられるか」です。真っ直ぐ二人の目を見て言えます。本書を智代と息吹に捧げます。

「普通の転職活動」から押しつけられる悪いストレスがゼロになり、一人でも多くの人が「いい経験になった」と振り返られる転職活動が増えますように。一緒に「ゼロストレス転職」の先に進みましょう。

「退職学®(resignology)」佐野創太

引用・参考文献

はじめに

（注１）「『大退職時代』は日本に訪れるか？
～欧米「the Great Resignation」との共通点と相違点～」
㈱第一生命経済研究所　星野卓也

（注2）UEFA EURO 2016TM
「ハリルホジッチ 大会総括リポート アーセン・ヴェンゲル緊急参戦!」

（注3）
マルタ選手の言葉　マルタ・ビエイラ・ダ・シルバ

第１章

（注4）『生きがいについて』神谷美恵子著（みすず書房）P40

（注5）『転職―ネットワークとキャリアの研究』マーク・グラノヴェター著／渡辺深訳（ミネルヴァ書房）P11

（注6）『元祖プロ・コーチが教える 育てる技術』ジョン・ウッデン著／弓場隆訳 スティーブ・ジェイミソン著（ディスカヴァー・トゥエンティワン）

第２章

（注7）「労働条件に関する総合情報サイト　確かめよう労働条件」厚生労働省

（注8）上場会社数・上場株式数　日本取引所グループ（JPX）

（注9）「令和２年度分会社標本調査結果」 国税庁

（注10）『就職四季報 優良・中堅企業版　2024年度版』 東洋経済新報社

（注11）OpenMoney　㈱JUKKI株式会社JUKKI

（注12）グローバルニッチトップ企業100選 経済産業省　平成26年：令和２年

（注13）「中小企業白書　全体版（2017年版）」経済産業省
P183（スライド番号195）

（注14）（『Deep Skill　ディープ・スキル 人と組織を巧みに動かす
深くてさりげない「21の技術」』石川明著（ダイヤモンド社）P263

（注15）『自立って何だろう――社会と子どもたち』都筑学著（新日本出版社）P111

第3章

（注16）『カーネル・サンダース65歳から世界的企業を興した伝説の男』
藤本隆一著（文芸社文庫）P165

（注17）「公正な採用選考について」厚生労働省　職業安定法 - e-Gov法令検索

第5章

（注18）『恐れのない組織
――「心理的安全性」が学習・イノベーション・成長をもたらす』
エイミー・C・エドモンドソン著（英治出版）P 13

おわりに

（注19）言葉の達人《伝えるための作詞術》
GLAY　TAKURO（Uta-Net㈱ページワン運営）

（注20）『夜と霧――ドイツ強制収容所の体験記録』ヴィクトール・E・フランクル
／霜山徳爾・池田香代子訳（みすず書房）P5

（注21）『東洋英和女学院大学『人文・社会科学論集』第30号（2012年度）
V・E・フランクル『夜と霧』再訪 ―〝運命〟の生き方 ―秋本倫子
（東洋英和女学院大学 人間科学部 人間科学科 准教授）

佐野創太 *Sota Sano*

「退職学®（resignology）」の研究家
大手人材会社の新規事業のマーケティングマネージャー
福島県のWeb制作会社の人材育成・編集顧問

1988年、静岡県浜松市生まれ、神奈川県横浜市育ち。慶應義塾大学法学部政治学科を卒業後、2012年にパソナグループに入社し、転職エージェントとして従事する。全社で 2位の成績を収めるも、1年で早期退職して法人向けの研修会社に転職。1ヵ月で早期退職し、無職となる。パソナグループに出戻り後は新規事業の責任者として求人事業のメディア編集長に就任し、業界3位の規模に成長させる。

介護離職をきっかけに日本初の退職学の研究家として 2017年に独立。退職後も声をかけられ続ける人物に成長する「最高の会社の辞め方」を提唱。20～ 50歳の営業やマーケティング、人事や法務、コンサルタントや講師などの幅広い職種の 1200名以上の「会社辞めようかな」から始まるキャリア相談を有料で実施する。「ワケあり人材」が一目置かれる人物として入社する「ゼロストレス転職」を開発する。同時に転職エージェントや面接官に候補者を即戦力化するトレーニングを実施。退職者も在職者も会社が好きになる「退職広報」を50社以上に導入。

800名以上の独立志向のキャリアコンサルタント、コーチ、カウンセラーの経験・ノウハウ・資格・価値観を「指名され続ける言葉」に変換するパワーワード・パートナーとしても活動している。

2022年出版の『「会社辞めたい」ループから抜け出そう！転職後も武器になる思考法』（サンマーク出版）は、Amazonの「転職よみもの」、楽天ブックスの「社会」、三省堂書店 有楽町店の「今週のベストビジネス部門」で1位となる。東洋経済オンラインや日経 WOMAN、プレジデント・オンラインやダイヤモンド・オンライン、「WEB労政時報」への寄稿、ABEMA Primeへの出演を通じて、終身雇用に代わる個人と会社の新しい関係である「セルフ終身雇用」を発信している。

働き方の専門家としての側面の他に、大手結婚相談所の Webメディアの立ち上げ・編集長、キー局の新規事業の立ち上げメンバー、奈良県三宅町の複業プロジェクトの人事・採用アドバイザー兼マネージャーを歴任。働く個人と雇う企業の両方の立場を持ち続けている。

プライベートでは妻と子どもの３人暮らし。里帰り出産とコロナをきっかけに長野と東京の二拠点生活を試している。1児の父であり、共働き夫。

装丁・本文デザイン —— WELL PLANNING（松岡昌代）

ゼロストレス転職

99%がやらない「内定の近道」

2023年3月13日　第1版第1刷発行
2023年12月11日　第1版第2刷発行

著　　者　佐　野　創　太
発 行 者　永　田　貴　之
発 行 所　株式会社PHP研究所
東京本部 〒135－8137 江東区豊洲5－6－52
ビジネス・教養出版部　☎03－3520－9619（編集）
普　及　部　☎03－3520－9630（販売）
京都本部 〒601－8411 京都市南区西九条北ノ内町11
PHP INTERFACE https://www.php.co.jp/
組　　版　株式会社ウエル・プランニング
印 刷 所　株式会社光邦
製 本 所　東京美術紙工協業組合

ISBN978-4-569-85405-2

PHPの本

やりたいこと探し専門心理カウンセラーの

日本一やさしい天職の見つけ方

中越裕史 著

今の仕事で10年後、幸せになれますか？　何歳から始めても遅くない。心から自分が納得できる、天職の見つけ方がわかる心理学。

定価　本体一、四〇〇円（税別）